# LOS QUE SE QUEDARON

## Peter y Patti Lalonde

## BETANIA

*Un Sello de Editorial Caribe*

*Betania* es un sello de *Editorial Caribe*,
una división de *Thomas Nelson, Inc.*

## © 1997 Editorial Caribe
P.O. Box 141000
Nashville, TN 37214-1000, U.S.A.
E-mail: caribe@editorialcaribe.com

Título del original en inglés:
*Left Behind*
© Ontario #1006094 y Ontario #1006095
Publicado por *Harvest House Publishers*
Las citas bíblicas corresponden
a la versión Reina Valera 1960 © 1964
Sociedad Bíblica en América Latina.

ISBN: 0-88113-449-X

Traductor: Ricardo Acosta

Impreso en EE. UU.
Printed in U.S.A.

2ª Impresión

# CONTENIDO

## CAPÍTULO 1

# UNA CARTA
# PARA EL
# OTRO LADO

Querido amigo:

Hola. Mi nombre es Peter Lalonde. Mi esposa Patti y yo quisimos escribir esta carta para tratar de ayudarle a comprender el mundo en que vive.

Es muy difícil escribirle porque estamos separados de usted por un acontecimiento tan extraordinario que prácticamente nos ha cambiado para siempre, tanto a usted como a nosotros. En efecto, cuando le escribimos estas líneas, a mediados de los noventa, los sucesos de los que ha sido testigo parecen tan distantes e inverosímiles para nosotros que es casi imposible aun contemplarlos.

Aunque puede que esté leyendo esta carta unas semanas o meses después de que la escribimos, estamos separados por un abismo enorme en tiempo y espacio, más allá de toda comprensión humana.

Sabemos que estas palabras parecen fuertes. Pero de alguna manera también percibimos que lo que anda buscando en este momento son palabras fuertes y comunicación directa. Si estamos en lo correcto, si podemos ver aun oscuramente al interior de su mundo, el suyo es uno de tanta confusión y asombro que ni siquiera las mejores mentes de Hollywood pudieron llevarlo a la pantalla.

No pretendemos comprender su mundo. No podemos empezar a sondear el temor, el pánico y, más que nada, la

pérdida que está sufriendo. Sabemos que si lee estas palabras momentos después de esta gran desaparición es porque tal vez se las dejó alguien estrechamente ligado a usted,
alguien que le amaba, que muchas veces le habló acerca de
este día y que desapareció de la faz de la tierra... ¡quizás
delante de sus ojos!

Además, nos preguntamos: ¿Cómo podemos escribirle
estas líneas? ¿De qué manera le podemos hacer sentir que
no entendemos su mundo por completo, ni tampoco cómo
su mente está sin duda alguna dilucidando estas palabras?
Es posible que no lo entendamos. Quizá no encontramos los
términos correctos. Afortunadamente le podemos ayudar.
Ayuda esta de la que no tiene idea; acerca de la cual queremos hablarle.

### Hablemos de nuestro mundo

Como dijimos, le escribimos esta carta a mediados de la
década de los noventa. A nuestro juicio, todo parece estar
transcurriendo con normalidad. Patti y yo vivimos en la
hermosa península del Niágara, en Canadá. Todos los días
el agua se desliza sobre las poderosas cataratas, como desde
su creación. Los recién casados aún acuden en masa y todo
es rutinario, o lo parece.

Muchos sentimos el inminente acontecimiento del que
ahora usted es testigo. Se percibe, se siente en el aire. Pero
al mismo tiempo nuestras mentes se burlan de la mismísima
idea. Para nosotros parece tan improbable e irreal, que nos
preguntamos si perdimos la razón.

Piense en lo que decimos desde nuestro tiempo en la
historia. Hablamos a un mundo incrédulo. «¡Habrá un tiempo de gran tribulación y entonces el mundo tal como lo
conocemos se va a acabar. Pero no se preocupe, antes de que
esto suceda, primero desapareceremos todos los que entendemos lo que está sucediendo!» Se puede imaginar lo que
los recién casados, los turistas y el resto del mundo piensen
del asunto. Después de todo, parece tan normal.

### ¿Estamos locos o es la hora de la verdad?

La mayoría de la gente cree que tales ideas son sencillamente producto de una clase de sicosis a medida que nos acercamos al año 2.000. En cierta forma están en lo cierto. La cercanía del fin del siglo es como un imán que lanza a cada chiflado a la palestra. Sin embargo, se trata de algo distinto a esa clase de locura.

No obstante, antes que hablemos de esto, queremos recordarle que está usted en una posición muy diferente a la que escuchan las personas de nuestra época. A diferencia de esa gente, usted tiene algo que ellos no poseen. Tiene la prueba. *Sabe* lo que sucedió. Está viviendo en el otro lado. Por sobre todo, ¡no olvide eso! Permita que esta simple realidad le asegure durante el resto del libro.

Recuerde mantenerse firme porque hay fuerzas poderosas que obran en su mente, tratando de hacerle ver ridículo esto que le decimos, y que le quieren hacer aceptar cualquier otra explicación. Pero háganos caso. La prueba está exactamente frente a usted. Lo que dijimos que pasaría, *pasó*.

Pongamos algo en claro. No somos profetas. Ni grandes videntes o síquicos que vislumbráramos este advenimiento. En realidad, no tenemos ningún poder en absoluto. Somos sólo una pareja que vio y entendió la evidencia dada por Aquel de quien creemos que es la mente suprema del universo.

Este ser es Dios. De la misma manera en que le escribimos esta carta a usted, Él escribió un libro para todos los seres terrenales y lo llamó Biblia. Todo lo que hacemos en este libro es decirle lo que Él nos legó en el suyo.

Tal vez durante años ha tenido una Biblia en algún lado. Si es así, ¡aférrese a ella y aprovéchela! En ella está registrado prácticamente cada detalle del extraño y peligroso mundo en que ahora vives. Queremos explicarle, en esta carta, algo de lo que allí se encuentra y mostrarle dónde encontrarlo.

## La cadena de las evidencias

Nos hemos asentado en nuestro mundo por casi dos mil años después de que un ser llamado Jesucristo, que fue más que un simple hombre, caminó en esta tierra. ¿Por qué estamos tan convencidos de que Él está a punto de «raptarnos» tanto a Patti y a mí, como a cada individuo de esta tierra que verdaderamente cree en Él?

Esta es una pregunta fundamental. La respuesta es en realidad sencilla, como siempre ocurre en la Biblia. Como puede ver, Jesús nos dijo que en algún momento habría una generación que vería una serie de señales. Nos dijo que serían las señales para una generación que vería los mismos hechos que usted ha presenciado, incluyendo esta enorme y problemática desaparición de millones de personas a través de todo el mundo.

Tanto Jesús como los profetas hebreos nos manifestaron que esta última generación (exacto, ahora está usted viviendo en la mismísima parte final de ella), empezaría cuando Israel retornara de la dispersión mundial y la persecución, para convertirse otra vez en una nación. Eso ocurrió en 1948. Esa fue la primera señal.

Al mismo tiempo, los profetas nos anunciaron que veríamos el desarrollo de armas tan poderosas que la humanidad prácticamente podría destruir el planeta entero. Eso nunca ha sido tan real como en esta generación. Los arcos, las flechas, los cañones y hasta las armas convencionales nunca tuvieron ese poder. Hoy sí existe.

Luego se nos habló de un poderío militar al norte de Israel. Ese gran poder militar sorprenderá al mundo entero y atacará a esa nación cuando nadie lo espere. Hoy día el imperio soviético ya no existe, pero sus armas sí. Ya nadie teme a Rusia, pero esa nación aún tiene el mismo arsenal militar del que habla la Biblia. Exactamente como lo dice la Biblia, tanto en nuestro mundo como en el de usted, el ataque sería una sorpresa.

También se nos dice que la misma generación vería el nacimiento de un imperio democrático basado en Europa, que extendería su influencia a través del mundo entero. Lo que hoy día se conoce como la Unión Europea se convertirá en su tiempo en el corazón del más poderoso imperio en la historia de toda la humanidad.

Otra señal que identifica su época y la nuestra como partes de la generación final es el movimiento pacificador que parece estar influyendo en el mundo. La Biblia nos dice claramente que una paz relativa vendría al mundo en los últimos días. Por desgracia, esa sería una paz engañosa que en realidad conduciría a la mayor guerra de la historia.

Existen muchas otras señales (que incluyen el nacimiento de una economía electrónica mundial que haría posible rastrear las transacciones de compraventa hechas por todo habitante del planeta), pero vamos a mencionar solo una más.

Hace aproximadamente dos mil quinientos años, el profeta Daniel escribió que esta generación final sería como ninguna otra en toda la historia de la humanidad. ¿En qué sería diferente? Dios le dijo a Daniel que esta generación «decadente» vería tal incremento explosivo del conocimiento, que el hombre prácticamente sería lanzado al futuro.

No tiene que decirme cuán real es todo esto. Piense en ello por un instante. Digamos que es posible viajar en el tiempo. Imagínese a un ser humano a quien se le transporte del año 500 a. C. al 500 de nuestra era. ¿Qué cambio vería en esos mil años? No muchos. Puede estar seguro de que los hombres aún vivían en casas de piedra y cocinaban sobre una hoguera. ¿Qué le pasaría a un marinero que se le llevara del año 400 a. C. al año 1492 de nuestra era, cuando Cristóbal Colón descubrió el nuevo mundo? Al analizar la ingeniería de los barcos, el marinero ni tan siquiera se hubiera dado cuenta de que habría viajado dos mil años. En realidad nada cambió. Lo mismo se podría decir desde esa época hasta principios del siglo veinte.

Piense ahora en lo que ha sucedido en los últimos ochenta años más o menos. Hemos ido desde los hermanos Wright hasta el transbordador espacial y la luna. Hemos ido desde los carruajes tirados por caballos hasta los Ferraris y desde el correo a caballo hasta la CNN y la cibernética espacial.

Las computadoras actuales pueden obedecer millones de instrucciones por segundo y ahora están afanosamente usando ese poder de procesamiento para inventar otras computadoras aún más poderosas.

Estas son algunas de las razones por las que tanto Patti como yo, y miles de cristianos más, creemos que vivimos la generación final de antes del «gran Arrebatamiento» y del mismo período específico del momento en que usted está viviendo. Hablaremos de muchas más razones en las páginas siguientes, pero ahora queremos hablarle de la época en que usted vive y de lo que viene.

### Usted debe decidir

Como dijimos anteriormente, Patti y yo escribimos esta carta antes del más dramático y devastador suceso de la humanidad para brindarle la evidencia más firme posible, a fin de ilustrar la verdad de nuestra explicación en cuanto a lo que ha sucedido. La evidencia fue sencilla de encontrar debido a que la Biblia nos habla del gran Arrebatamiento. Más aun, supimos cuándo iría a suceder por las señales que ella nos dio. Esta es una prueba muy dramática.

Sin embargo, queremos que entienda que va a oír muchas otras explicaciones de lo ocurrido. En efecto, le podemos decir ahora que esas explicaciones van a ser tan convincentes que cada fibra de su mente y de su cuerpo le dirán que son ciertas. Ya tenemos una buena idea de lo que serán esas teorías, y hablaremos más adelante de ellas. Pero por favor, no olvide que le dijimos que esto iba a suceder. Además, no pase por alto el hecho de que también vamos a dar una ilustración muy detallada tanto de lo que está sucediendo ahora como de lo que va a pasar en los días venideros. Dios quiere que usted lo sepa. ¡Él ha dado pruebas irrefutables!

## CAPÍTULO 2

# ¿QUIÉNES SE MARCHARON Y A DÓNDE FUERON?

Si hace poco presenció la desaparición de millones de personas del planeta, Patti y yo no dudamos que esté confundido y probablemente muy asustado. Una vez que su pánico inicial haya cesado tendrá muchas preguntas. El propósito de este libro es darle las mejores respuestas que podemos acerca de lo que ha sucedido y de lo que su futuro le depara. Por favor, créanos. Hay esperanza. Realmente hay una explicación.

Como usted, millones de personas alrededor del mundo estarán llorando la pérdida de los suyos. Así como usted, se están preguntando si es una bendición o una maldición que no fueran llevados. ¿Estaba usted atento? ¿Se está perdiendo una grandiosa y emocionante experiencia? ¿De qué se trata en realidad todo esto? Respire profundamente, y comencemos desde el principio.

### ¿Quiénes se fueron?

Este acontecimiento, del que usted es testigo, fue profetizado de manera muy específica en la Biblia. Además, allí también se explica que quienes desaparecieron tenían algo en común. Ya fuesen de los Estados Unidos, Canadá, China, África o cualquier otra parte del mundo, *todos* eran verdaderos cristianos creyentes en la Biblia.

Como miembros de ese grupo le podemos hablar de nuestras creencias. Creemos que Jesucristo es el Hijo de Dios que murió por nosotros en una cruz, con el fin de pagar por nuestros pecados. Lo aceptamos como nuestro Señor y Salvador. Al hacerlo llegamos a ser parte de la familia de Dios, la que justamente ha sido unida en el cielo.

Muchos autocalificados cristianos permanecerán en el mundo. En los días previos a esta desaparición en masa, que conocemos como «el Arrebatamiento», muchos afirmaron ser discípulos verdaderos de Cristo. Pero sólo los que en verdad creyeron por fe y con todo su corazón que Jesús era el *único* Hijo de Dios, y que era el *único* camino para la salvación, fueron raptados en este acontecimiento. Como conclusión, inmediatamente después de que este rapto ocurriera, no quedó en todo el planeta ningún creyente *verdadero*.

Como ya dijimos, Patti y yo queremos probarle que la Biblia, el mismo libro viejo y empolvado que probablemente ha estado tirado durante años en alguna parte de su casa, es en realidad el más valioso libro de su mundo. A través de él Dios nos habla acerca del mundo en que está usted viviendo.

Así que empecemos. No encontrará la palabra *arrebatamiento* en la Biblia (le recomendamos que busque con urgencia una Biblia y empiece a leerla). ¿De dónde sacamos este nombre? En 1 Tesalonicenses 4.17, la Biblia dice que los cristianos seremos «arrebatados» para recibir al Señor en el aire. Estos pasajes fueron escritos originalmente en griego. La palabra «arrebatados» viene del griego *harpadzo*. Este derivó en el latín *raptos*, el cual llamamos arrebatamiento en español.

Aunque la palabra *arrebatamiento* no está en la Biblia, en ella se puede encontrar una descripción del acontecimiento. La Biblia predijo categóricamente que este suceso ocurriría definitivamente. Veamos unos pasajes de las Escrituras que le mostrarán que Jesús les prometió a los cristianos que regresaría por ellos y los tomaría para sí. El primero es Juan 14.1-3:

No se turbe vuestro corazón; creéis en Dios, creed también en mí. En la casa de mi Padre muchas moradas hay; si así no fuera, yo os lo hubiera dicho; voy, pues, a preparar lugar para vosotros. Y si me fuere y os preparare lugar, vendré otra vez, y·os tomaré a mí mismo, para que donde yo estoy, vosotros también estéis.

Hace casi dos mil años, los discípulos de Jesús estaban preocupados porque Él los iba a dejar. En este pasaje, Él les dice que se debe ir, pero les prometió que vendría otra vez y que tomaría para sí a todos los creyentes. Esta promesa está dirigida a *todos* los que creen en Él. Esto es exactamente lo que ha ocurrido con la desaparición de la tierra de millones de personas.

Si piensa en esto por un instante, se dará cuenta de que allí estarán los que creyeron en Jesús en todos los siglos desde que Él estuvo en el planeta. Eso significa que la mayoría de los creyentes no estarán vivos en nuestra época, sino que habrán muerto (o como dice la Biblia, dormirán). Por tanto, este grupo que Jesús se llevará durante el Arrebatamiento estará compuesto de los creyentes que hayan muerto y de otros que aún estén vivos. Esto quiere decir que lo que usted presenció fue una resurrección de los muertos, la que no pudo ver, y un arrebatamiento de los vivos, ¡que sí pudo ver! La Biblia nos habló acerca de todo esto hace mucho tiempo:

> Por lo cual os decimos esto en palabra del Señor: que nosotros que vivimos, que habremos quedado hasta la venida del Señor, no precederemos a los que durmieron. Porque el Señor mismo con voz de mando, con voz de arcángel, y con trompeta de Dios, descenderá del cielo; y los muertos en Cristo resucitarán primero. Luego nosotros los que vivimos, los que hayamos quedado, seremos arrebatados juntamente con ellos en las nubes para

recibir al Señor en el aire, y así estaremos siempre con el Señor (1 Tesalonicenses 15-17).

## El Arrebatamiento es un misterio

Hal Lindsey es uno de los maestros cristianos más destacados en acontecimientos bíblicos en la época de nuestra historia que nos interesa. Con toda propiedad escribió un libro titulado sencillamente *The Rapture* [El Arrebatamiento]. En él explica esta resurrección que usted ha presenciado:

> En 1 Corintios 15, el apóstol Pablo, bajo la inspiración del Espíritu de Dios, enseña acerca de la seguridad de la resurrección de todo creyente. También revela que el cuerpo resucitado cambiará de manera maravillosa a una forma inmortal que tiene sustancia real.
>
> Pablo enseña claramente que nuestro cuerpo nuevo traerá también «la imagen del celestial», que es como el cuerpo resucitado del Señor Jesús (v. 49). A este respecto dice: «La carne y la sangre no pueden heredar el reino de Dios, ni la corrupción hereda la incorrupción» (v. 50). En otras palabras, nuestro cuerpo actual de carne y sangre, que debe ser sustentado por elementos terrenales corruptibles, debe cambiar a otra forma. Esta nueva forma tiene esencia material, pero de una clase apropiada para la espiritual, incorruptible y eterna atmósfera celestial[...]
>
> Sin embargo, hay algo esencial para poder resucitar: ¡Debemos morir primero! La resurrección es sólo para los muertos. La resurrección de la *muerte* es una esperanza real claramente enseñada en el Antiguo Testamento[...]
>
> En su enseñanza sobre la resurrección, Pablo dice exactamente: «He aquí os digo un misterio: No todos dormiremos; pero todos seremos transformados» (1 Corintios 15.51).

Este versículo enseña muchas verdades importantes.

En primer lugar, Pablo dice que está presentando un *misterio*. Al usar esta palabra indica que va a revelar una nueva verdad desconocida hasta ese momento. El vocablo original en el griego *(mysterion)*, como se usa en el Antiguo Testamento, significa algo desconocido que se revela al verdadero creyente.

Por lo tanto, ¿qué es lo novedoso? En este capítulo él sintetiza lo conocido en el Antiguo Testamento: que la carne y la sangre no pueden entrar a la presencia de Dios; que primero debemos morir para resucitar en una nueva forma eterna. La segunda verdad de este versículo, y el significado del misterio, ¡es que no todos los cristianos vamos a *morir!* Este era un concepto completamente nuevo. Ningún creyente del Antiguo Testamento soñó que alguna futura generación entraría a la eternidad y a la presencia de Dios sin experimentar la muerte física. La muerte es una condición absoluta para entrar a la inmortalidad mediante la resurrección[...]

En cuanto a los creyentes del Antiguo Testamento en general, ninguno se atrevió a creer que habría una generación futura de creyentes que sería arrebatada masivamente ante la presencia de Dios.[1]

Así que ya lo sabes. La Palabra de Dios nos dijo a los cristianos que el Arrebatamiento sucedería algún día en el futuro. Aunque no se nos dijo exactamente cuándo sería, en la Biblia Dios dio señales de cómo iba a ser el final de los tiempos. Estas señales nos capacitaron para reconocer la generación que vería el Arrebatamiento.

1  H. Lindsey, *The Rapture*, Bantam Books, New York, 1983, pp. 36-38.

La otra pregunta que probablemente tendrá para nosotros es: «¿A dónde fueron?» Bien, para hacerlo sencillo,
fuimos «al cielo a estar con el Señor Jesús». Exactamente
ahora los cristianos pueden ver el cumplimiento de la promesa de Cristo cuando dijo: «Voy, pues, a preparar lugar
para vosotros. Y si me fuere y os preparare lugar, vendré
otra vez, y os tomaré a mí mismo, para que donde yo estoy,
vosotros también estéis» (Juan 14.2, 3).

## CAPÍTULO 3

# ¿QUIÉN ES ESTE GRAN LÍDER?

¿Qué significa todo esto? ¿Cuál va a ser el futuro ahora que los cristianos están en el cielo y usted permanece en la tierra? ¿Volverá el mundo a la normalidad después de esta importante anomalía? Sabemos que se estará haciendo estas preguntas.

Tal vez la manera más sencilla de empezar es decirle que el mundo jamás volverá a la normalidad. Sin detenernos a examinar los detalles (se los daremos en el capítulo 9), tan solo le diremos que vive usted un momento de la historia realmente único y muy definido. La Biblia llama a este tiempo la gran tribulación, un período de siete años entre el Arrebatamiento y la Segunda Venida de Cristo, cuando regresará a la tierra a establecer su reino. Sabemos que esta época de tribulación empezará de manera pacífica, pero terminará con la más grande guerra en la historia de la humanidad.

La Biblia también nos dice que habrá un actor principal que durante ese tiempo controlará la situación mundial. Antes de seguir adelante, Patti y yo queremos asegurarnos que sepa que surgirá en el ámbito mundial un gran líder como ningún otro que el mundo haya conocido. Sólo podemos imaginarlo, pero usted seguramente ya sabe de quién estamos hablando. Creemos que aparecerá en escena exactamente después de que hayamos desaparecido.

Usted debe saber con anticipación que será una de las más nobles, amables, sabias y cariñosas personas que el mundo ha conocido. Si estuviéramos en su mundo, él sería tan convincente que tanto Patti como yo probablemente le seguiríamos. Sin embargo, es el más grande impostor que ha habido en el mundo; en realidad es un lobo disfrazado de oveja. En efecto, la Biblia nos previene que él y otros falsos cristos y profetas harán tan grandes señales que engañarían, si fuera posible, aun hasta a los más fieles seguidores de Dios (Mateo 24.24).

## El lobo disfrazado de oveja

No hay duda que este líder es el actor principal en el drama de siete años en el cual que se encuentra usted ahora. De su boca saldrán de manera extraordinaria sutiles, engañosas y astutas mentiras. La Biblia se refiere a este individuo como el anticristo.

Sólo para darle una idea de cuán seriamente Dios toma a este líder, también en otros pasajes bíblicos se dirige a él con nombres tales como «el hombre de pecado», «el hijo de perdición», «el príncipe de las tinieblas» y el «inicuo». Según nuestro amigo Dave Breese, presidente de Christian Destiny Inc.:

La Biblia promete que surgirá una figura que aparentemente tiene la respuesta para todo. Sube al escenario, y declara tener la respuesta para el presente y cada vez más grave desastre. Usted puede estar completamente seguro de que va a decir: «Confía en mí. Cree en mí. Acepta mi plan. Yo seré tu líder». ¿Quién es esta persona? La Biblia enseña que a medida que nos aproximamos a la consumación de la historia, el anticristo aparecerá en escena. Es muy inteligente. Es muy atractivo y hasta muy encantador. Resultará ser el monstruo más despiadado en forma de gobernante que el mundo jamás haya conocido. Este individuo es el cumplimiento de la promesa del surgimiento del anticristo.[1]

En este punto de la historia, Dios aún no ha revelado la identidad del anticristo. Esto ha cubierto muchas discusiones con el velo del misterio. Cuando Dios terminó de revelarle a Daniel lo que sería como en los tiempos finales, el profeta estaba confundido: «Y yo oí, mas no entendí. Y dije: Señor mío, ¿cuál será el fin de estas cosas? Él respondió: Anda, Daniel, pues estas palabras están cerradas y selladas hasta el tiempo del fin» (Daniel 12.8, 9). Pero ahora usted vive en ese «tiempo del fin», y por eso tenemos toda la razón al creer que, a diferencia de nosotros, tiene la capacidad de identificar a ese anticristo. Creemos que esta emergencia coincidirá estrechamente con el Arrebatamiento de los cristianos. En 2 Tesalonicenses, el apóstol Pablo explica el surgimiento de este líder grandioso, su relación con el Arrebatamiento y el inminente regreso del mismo Jesús a la tierra:

Pero con respecto a la venida de nuestro Señor Jesucristo, y nuestra reunión [Arrebatamiento] con él, os rogamos, hermanos, que no os dejéis mover fácilmente de vuestro modo de pensar, ni os conturbéis, ni por espíritu, ni por palabra, ni por carta como si fuera nuestra, en el sentido de que el día del Señor está cerca (Segunda Venida). Nadie os engañe en ninguna manera; porque no vendrá sin que antes venga la apostasía, y se manifieste el hombre de pecado, el hijo de perdición[...] Y ahora vosotros sabéis lo que lo detiene, a fin de que a su debido tiempo se manifieste. Porque ya está en acción el misterio de la iniquidad; solo que hay quien al presente lo detiene, hasta que Él a su vez

---

1  D. Breese, como se le cita en *Left Behind: Where'd Everybody Go?* [Los que se quedaron: ¿A dónde irían todos ellos?], video producido por el ministerio This Week in Bible Prophecy, Niagara Falls, NY, 1994.

sea quitado de en medio. Y entonces se manifestará aquel inicuo, a quien el Señor matará con el
espíritu de su boca, y destruirá con el resplandor
de su venida (2.1-3, 6-8).

Lo que aprendemos en este pasaje es muy importante
para nuestro entendimiento de cómo sucederán las cosas en
su mundo. El apóstol Pablo hablaba del día de Cristo, en el
que Jesús volverá a la tierra (siete años bíblicos a partir del
Arrebatamiento). Sin embargo, escribiendo bajo la inspiración divina, el apóstol predijo que esto no podría pasar
hasta que se haya revelado el anticristo, llamado aquí el
«hombre de pecado», «el hijo de perdición» y «ese inicuo»,
que no podrá ser revelado hasta que quien lo detiene sea
quitado de en medio. ¿Quién es el que lo detiene?

Alguien impide los propósitos de Satanás desde la llega-
da hasta la culminación, y mantendrá este ministerio hasta
que sea quitado de en medio[...] Parecería que el único que
podría desempeñar ese ministerio sería el Espíritu Santo[...]
Mientras el Espíritu Santo esté residiendo dentro de la
iglesia, la cual es su templo, esta obra de impedimento
continuará y el hombre de pecado no puede ser revelado.
Es solo cuando la iglesia, el templo, sea quitado que este
ministerio terminará.[2]

Por esto creemos que el anticristo surgirá en el ámbito
mundial muy poco tiempo después de que el que lo detiene
sea quitado de en medio. Con el Arrebatamiento, este impedimento será retirado. De este modo, son muchas las
posibilidades de que este líder ya se haya levantado a nivel
mundial en los momentos de la historia en que usted se
encuentra viviendo.

Mientras más piense en esto más lógico será, desde un
punto de vista puramente práctico, que este es el momento
más indicado para el surgimiento de este líder. Si podemos
visualizar su mundo en los momentos y días que siguen al

2  J.D. Pentecost, *Things to Come* [Cosas que vendrán], Zondervan Publishing
House, Academie Books, Grand Rapids, MI, 1964, pp. 204-05.

Arrebatamiento, esta será una época de gran confusión y caos. A su mente llegan pensamientos, temores e interrogantes en los que nunca había reflexionado, ¿no es así? La historia nos muestra que los líderes carismáticos no son propensos a surgir en épocas de calma sino en momentos de confusión e incertidumbre. Ahí es cuando la gente busca un líder. Nos imaginamos que eso es más valedero durante el tiempo que sigue al Arrebatamiento. Sabemos que el anticristo brindará grandiosas y tranquilizadoras explicaciones para esta desaparición masiva, y que prometerá mejores días venideros para la gente del mundo de usted.

Pero también sabemos que él será el más grande impostor que el mundo jamás ha conocido.

### El anticristo sube al ámbito mundial

Hoy estamos presenciando el nacimiento de una infraestructura global de los medios de comunicación, que permite al mundo entero ver e intercambiar acontecimientos de cualquier parte del planeta. Esto es algo nuevo para nosotros. Observamos este desarrollo años atrás con la guerra entre las fuerzas multinacionales dirigidas por los Estados Unidos e Irak después de la invasión de Kuwait. Esta guerra fue totalmente nueva, debido a que era la primera que casi todo el mundo pudo observar en vivo por televisión. Esto creó hábito y millones de personas se pegaron por días enteros a la televisión. Por primera vez nos dimos cuenta del poder de nuevas tecnologías para unir el mundo mediante una experiencia común. No fuimos solo Patti y yo los que observamos desde Canadá, sino que personas de todo el mundo estaban viendo las mismas imágenes. Eso nos dio una sensación de unidad, de ser parte del planeta entero.

Desde esa vez, han ocurrido otros sucesos que cautivan la misma atención en todo el mundo en la medida en que la televisión nos permite observarlos cuando ocurren. Algunos de estos acontecimientos han tomado una vida privada y la han convertido en un foco de importante atención para todos.

¿Por qué le hablamos de esto? Porque estos pequeños ejemplos son solo el principio. Son un simulacro de la forma en que esta infraestructura global de los medios de comunicación crecerá en su época. Pensamos que se llevará a cabo, o que se está llevando a cabo, la más grande atención hacia los medios de comunicación en toda la historia, dependiendo de cuán pronto después del Arrebatamiento esté leyendo estas líneas. Creemos que muchos en todo el mundo, y probablemente usted también, han estado pegados del televisor desde la desaparición masiva. Esto convierte a esa infraestructura de los medios de comunicación en un «actor» poderoso y muy real del mundo en que usted vive. Piense en esto: Probablemente es de la televisión de donde provienen la mayoría de las informaciones, impresiones, interpretaciones y explicaciones. Esta tiene el poder de darle forma al mundo de usted. Cuidado con ella.

Creemos que después del Arrebatamiento, tal vez en algún momento de su cobertura, la atención mundial cambiará rápida y poderosamente hacia este nuevo líder. Él aprovechará este suceso que transformará el planeta, y parecerá tener explicaciones para lo que ha ocurrido. Como nunca antes se ha visto, hablará de manera muy tranquilizadora y consoladora para sus oídos y traerá tanto al mundo como a su corazón una sensación de calma y paz. Si interpretamos correctamente la Biblia, tendrá una influencia más poderosa en su mente, su alma y sus emociones, que nada de lo que usted haya experimentado antes. De alguna manera su comunicación le arrastrará en una ola de unidad, tranquilidad y paz interior.

Él va a hablar de la unidad de la familia humana y de las oportunidades para la expansión personal y mundial. Le va a decir, y aparentemente le mostrará, que usted tiene poderes internos superiores a sus más alocados sueños. Le va a enseñar todo acerca del amor, la paz y el gozo, y le brindará experiencias que le harán sentirse impulsado a otro nivel de existencia.

La Biblia nos advierte de la cantidad de promesas que él va a hacer y de sus métodos de seducción. Al advertírselo con anticipación, esperamos probarle que está pasando mucho más de lo que posiblemente podría vislumbrar.

### Antecedentes de este gran impostor y de su socio

A partir de la Biblia tenemos para usted algunas pruebas muy firmes que confirman quién es en realidad este personaje. Posiblemente la mayor fuente condensada de información sobre él y su socio se encuentra en el capítulo trece de Apocalipsis.

Antes de continuar queremos animarle a que lea este capítulo de Apocalipsis, ya sea en su Biblia o en el apéndice al final de este libro. Esto le ayudará a tener un sentido general de los poderes y planes de quien Dios llama «la bestia» y de su compañero, a quien Dios también denomina como una bestia. Dios llama en otra parte de Apocalipsis «el falso profeta» a este compañero.

El capítulo 13 da muchos detalles y claves. Sin embargo, para sus propósitos inmediatos queremos resaltar algunos hechos acerca de este gran impostor, de tal manera que pueda estar seguro de que es en verdad acerca del que advierte la Biblia.

*Clave # 1: Una cabeza herida que parece sanar milagrosamente.* Una de las primeras cosas que este capítulo nos habla es de una cabeza aparentemente herida de muerte que este líder sanará de manera milagrosa. La Biblia utiliza simbolismos para darnos claves acerca de esta bestia. No es en sí una criatura con siete cabezas y diez cuernos. Este simbolismo se desarrolla a través de pasajes bíblicos para darnos antecedentes acerca de este recién surgido líder mundial. Sin embargo, creemos que Apocalipsis 13.3 se refiere literalmente a un suceso que muy bien lo lanzaría a la prominencia mundial y lo convertiría realmente en objeto de culto por parte de todos en el planeta.

Desde nuestro punto de vista, esto es difícil de imaginar, y no entendemos exactamente cómo sucederá. Pero Apocalipsis 13.3 y 4 señalan que algo no conocido en la historia mundial ocurrirá en su época:

> Vi una de sus cabezas como herida de muerte, pero su herida mortal fue sanada; y se maravilló toda la tierra en pos de la bestia, y adoraron al dragón que había dado autoridad a la bestia, y adoraron a la bestia.

Se menciona esta clave porque podría ser una de las primeras cosas que pasarían después del Arrebatamiento. No lo podemos asegurar, pero puesto que aparece temprano en este capítulo se podría sugerir una cronología de acontecimientos. Una cosa sí es definitiva: va a suceder en algún momento. Y cuando esta sanidad «milagrosa» suceda, va a estremecer la tierra.

Este hecho milagroso se extenderá a través de toda cultura, raza, creencia y religión, y unirá al mundo en una sola fe general. Con este acontecimiento, el anticristo prácticamente alcanzará a todos los pobladores de la tierra, incluso a los ateos más fervientes bebedores de cerveza, para que se hinquen y lo adoren.

Si podemos entenderlo desde nuestra perspectiva en este lado del Arrebatamiento, habrá una fe centrada en la adoración de este hombre y de lo que él dice que le da el poder para ser sanado. En estos versículos la Biblia afirma que la fuente de este gran poder es el mismo Satanás representado por el dragón.

No parecerá haber nada malo con este suceso. Parecerá ser uno de los más conmovedores, humanos y milagrosos acontecimientos que el mundo ha presenciado. En efecto, aunque aquí nos hemos adelantado a nosotros mismos, creemos que mientras este impostor acepta la adoración del mundo, puede estar diciendo algo como: «Sí, soy un dios y merezco la adoración, pero tú también te puedes convertir en un dios exactamente como yo. Puedes poseer estos enormes poderes. Déjame mostrarte la manera».

*Clave # 2: En sus primeras palabras atacará a Dios.* Apocalipsis 13 es muy claro acerca de las primeras palabras que saldrán de la boca del impostor. ¡Por favor, no pases por alto la importancia de esta clave, especialmente cuando fue vaticinado hace dos mil años!

El apóstol Juan vio bajo la inspiración del Espíritu Santo que este líder tendría una de las voces más carismáticas jamás conocidas y que sus primeras palabras, su mensaje central o idea principal, sería un ataque instantáneo enfocado contra el mismo Dios.

Hablaremos de esto más adelante, pero le queremos recordar que ese ataque contra Dios es una de las claves más importantes en cuanto al hecho de que este líder, sus actividades y hasta sus palabras fueron profetizadas por el mismo Dios que le permite esta situación horrible y engañosa en el planeta tierra.

*Clave # 3: Él va a declararle la guerra a quienes ahora acepten a Jesús como su Salvador.* Apocalipsis 13 clarifica que este anticristo no solo va a proferir palabras horribles y blasfemas contra el Señor, sino que de manera enérgica va a localizar y perseguir a quienes crean que Jesús es el Mesías.

En Apocalipsis 13.7 leemos: «Y se le permitió hacer guerra contra los santos, y vencerlos». Pero esta no es la única referencia a la guerra total que el anticristo va a declararles a los que vayan a ser creyentes en Cristo. Después ampliaremos esto, pero asegúrese de que mantiene esta clave en su lista para que pueda confirmar personalmente quién es realmente este impostor. A pesar de su revestimiento de amor por toda la gente, tendrá un odio real por quienes confían en Jesús. Ese será el pecado más grande del tiempo de usted.

*Clave # 4: Finalmente unirá al mundo en un aparente nuevo orden global*. Apocalipsis 13 nos afirma que su mundo será testigo de la reunión de tres componentes clave que harán un nuevo orden mundial. Ya hemos mencionado el surgimiento de una religión global. El versículo 8 específicamente dice que «la adoraron *todos* los moradores de la tierra». La palabra *todos* es importante debido a que el apóstol Juan resalta en el capítulo completo la expansión mundial no solo de un sistema religioso, sino también de los otros dos componentes del nuevo orden del mundo.

El versículo 7 señala que esta bestia controlará tanto política como religiosamente al planeta entero. Aquí leemos que «se le dio autoridad sobre toda tribu, pueblo, lengua y nación». La idea de un nuevo orden mundial con una autoridad política global empieza justamente a destacarse en nuestra era. Nunca antes en la historia ha habido un solo gobierno mundial. Pero de acuerdo con la Biblia, usted lo verá en su época.

Finalmente, los versículos 16-18 nos hablan del tercer componente más importante en este nuevo orden: la parte económica. Una vez más Juan clarifica: El nuevo sistema económico, construido en base a que las personas reciban una marca en la mano derecha o en la frente, se impondrá a *todo* el mundo.

Prevemos que esta bestia se propone conducir un gobierno, una religión y una economía mundial. En Eclesiastés 4.12, la Biblia dice que un cordón de tres dobleces no se rompe fácilmente; es claro que estos tres aspectos del nuevo orden mundial tampoco se romperán con facilidad. Sin embargo, que no quepa la menor duda: será roto por Jesús cuando regrese.

## ¿En qué consiste el nuevo orden mundial y quién es este sujeto?

Veamos un poco a los antecedentes de este nuevo orden global. Pensamos que esto le dará una ligera visión del líder grandioso y de sus verdaderos planes. Hasta ahora le hemos hablado de cómo reconocerlo y de algunas cosas que hará, pero no le hemos dicho todo acerca de él.

Los hechos que están ocurriendo en su mundo están lejos de ser desarrollos políticos, económicos y religiosos casuales. Es más, cada uno de ellos tiene un significado importante. Si puede comprender algunos de ellos, será capaz de entender por qué Dios está permitiendo que todo esto suceda y por qué este enemigo de Dios está tratando de conducirle por su sendero.

Aunque anteriormente haya tenido muy poca orientación bíblica, con seguridad habrá oído del reino de Dios. Si usted recuerda la oración del Señor, empieza con «Padre nuestro que estás en los cielos, santificado sea tu nombre. Venga tu Reino». Dios promete en toda la Biblia que un día su reino vendrá realmente. Esa promesa se hará realidad cuando Jesús regrese a este planeta al fin del período de siete años en el cual usted está viviendo ahora. Después de ese tiempo, Él establecerá su Reino aquí en la tierra durante mil años. Será el momento en que la humanidad verá finalmente el mundo de la manera en que Dios lo planeó.

Este plan se hubiera realizado hace miles de años si Eva no hubiera comido del fruto prohibido en el huerto de Edén. Ella fue engañada con el pensamiento de que tendría más sabiduría que Dios. Sin embargo, Eva solo fue la primera de toda una especie que repetiría el mismo error. Lo que ella hizo a nivel personal, la humanidad también lo ha hecho a nivel mundial. El hombre ha pensado siempre que puede construir un mundo de paz y armonía (como el huerto del Edén o el venidero reino milenial) sin Dios.

El primer ejemplo de esto fue algo llamado la torre de Babel. Esta torre, de la que se habla en Génesis, era mucho más que una torre física. Era en realidad una torre escalonada o estructura para rastrear las estrellas con propósitos astrológicos. Ese fue un intento del hombre de reunirse para construir una sociedad que pudiera alcanzar proporciones celestiales sin la ayuda de Dios. El Señor observó lo que iba a suceder y por eso protegió a la humanidad del engaño masivo; confundió su lenguaje de tal manera que no pudieran entenderse. Allí nació la palabra *balbucear*.

En nuestra época emerge un poderío llamado la Unión Europea. Creemos que en el futuro este será el núcleo del imperio mundial. Uno de sus líderes es el canciller de Alemania, Helmut Kohl. He aquí como él ve el futuro:

> Los Estados Unidos de Europa formarán el corazón de un orden pacífico[...] la era vaticinada desde antaño en que todos morarán con seguridad y nadie los hará temer.[3]

Es alarmante que la humanidad piense hacer lo que Dios dijo que solo Él podría hacer. Si esta fuera una afirmación o idea aislada no habría motivo de alarma. Pero lo que Patti y yo queremos que usted entienda es que ese enfoque empieza a dominar los planes y pensamientos de nuestro mundo de la misma manera que dominará el suyo.

La Organización de las Naciones Unidas (ONU) es otro ejemplo perfecto. No sabemos con exactitud qué papel desempeñará en el futuro. No sabemos si se fortalecerá y tendrá vigencia total o si será sencillamente el precursor filosófico del imperio que está comenzando a gobernar su mundo. Pero sí sabemos la idea que yace bajo este imperio: El hombre puede construir su propio reino. Este es el pensamiento central de la ONU. Usted no puede esperar más del núcleo de una organización que las palabras cinceladas en la piedra angular de su base, ¿no es así? Pues bien, he aquí lo que la ONU ha hecho grabar en la base de su edificio:

> Y forjarán sus espadas en rejas de arado y sus lanzas en podadoras: ninguna nación se levantará en armas contra otra ni se adiestrarán más para la guerra.

3 Associated Press, junio 8 de 1990.

Pues bien, hay varios aspectos muy interesantes acerca de este lema de la ONU. En primer lugar, que es bíblico. Es una promesa extraída de Isaías 2 que habla del reino milenial, con Jesús como gobernante de la tierra. Sin embargo, la ONU no solo deja fuera las claras referencias al Señor, sino que también ¡ha usurpado su papel!

Pero el Señor sabía que esto sucedería. Por eso hizo que otro de sus profetas nos advirtiera acerca de este intento de construir el reino de paz sin el Príncipe de Paz. Al tratar de levantar su propio reino, el orgullo humano hará exactamente lo contrario de lo que va a ocurrir cuando Jesús regrese:

> Proclamad esto entre las naciones, proclamad guerra, despertad a los valientes, acérquense, vengan todos los hombres de guerra. Forjad espadas de vuestros azadones, lanzas de vuestras hoces (Joel 3.9, 10).

## El mismo enfoque en el núcleo del comunismo

El comunismo está ampliamente aceptado como la más demoniaca forma de gobierno en la historia de la humanidad. Pero los comunistas creen que sus fines utópicos justifican los medios crueles y bruscos. Veamos lo que dice un reconocido historiador:

> El único toque poético en la desagradable mente de Lenín se relaciona con el casi irreal «paraíso de los trabajadores» que vislumbró al final de su proletario arco iris. Para hallar una relación tendrías que regresar a los primeros profetas hebreos y su profecía de la «Era Mesiánica»[...] hombres y mujeres, trabajadores todos, viviendo en una sociedad sin fronteras, bajo condiciones de plenitud sin fin, justicia absoluta y paz entre las naciones.[4]

4 Malachi Martin, *The Keys of This Blood* [Las claves de esta sangre], Nueva York, Simon y Schuster, 1990, p. 209.

### Lo decimos para llegar a esta conclusión

El más grave de todos los pecados mortales es el orgullo. Por eso no debería ser una sorpresa que la humanidad siempre ha luchado para levantar su propio reino sin la ayuda de Dios. Desde luego, este gran líder no solo quiere conducirle a la creación de su propio reino, sino que también desea tratar de que se le una en la proclamación de que usted es Dios.

Lo que queremos hacerle entender es que este nuevo orden mundial, que el anticristo está introduciendo en el mundo, es totalmente opuesto a Dios. Dios prometió que establecería su Reino en la tierra con Jesús como su gobernante sentado en el trono de David en Jerusalén.

En el lenguaje original griego, el prefijo «anti» en *anticristo* tiene también el significado no solo de estar en contra sino de estar «en lugar de, de ser un impostor». Por lo que no debería sorprender que Satanás, el maestro de las falsificaciones, buscara reemplazar el Reino de Dios con este nuevo orden planetario y cambiar a Jesucristo por el anticristo. Este último bien podría pretender que es la más reciente encarnación del «Espíritu de Cristo», regresando para introducir al mundo en el verdadero siglo de las luces. Este es un plan de acción que fue maquinado en los cielos, llevado al huerto del Edén, perfeccionado en la antigua torre de Babel y la moderna ONU, y que hoy se está desarrollando plenamente. Satanás conoce las Escrituras y sabe que le queda poco tiempo. Esta es su última oportunidad de engañar al mundo haciendo que lo adoren en lugar de Dios.

### Entonces, ¿por qué Dios permite esto?

No hay duda de que está perplejo por los hechos cambiantes que presencia y experimenta. Quizás esté confundido por el mensaje que lee, y la pregunta que le viene a su mente es: «¿Por qué Dios permite esto?»

Entienda, por favor, que al final del período de siete años en que usted está viviendo, Él va a juzgar a la humanidad.

Una parte de este juicio tendrá que ver con el orgullo del hombre y su convicción de que no necesita la ayuda o la gracia de Dios. Este punto es muy importante ya que si el hombre pudiera construir un reino de paz sin la ayuda de Dios, entonces el plan de salvación del Señor y la fe serían innecesarios.

Pero si el Señor fuera a juzgar la tierra exactamente ahora, en mi época, la humanidad podría responder: «¡Un momento, justo ahora que íbamos a lograr que hubiera unidad completa, vienes aquí y lo interrumpes todo!» Por eso es que Dios permite esta hora de tribulación por la que usted está pasando.

Recuerde que este líder mundial no obliga a nadie a seguirle. Casi todo habitante del planeta ha escuchado su mensaje inventado en contra de Dios, y no solo están de acuerdo con él sino que lo adoran. Ellos creen también que el hombre puede levantar su propio reino, y Dios les está dando rienda suelta en su intento. Él intervino en otros momentos de la historia solo cuando la situación había ido demasiado lejos. Lo hizo en el diluvio, en época de Noé, y en la torre de Babel. Sin embargo, en esta ocasión no intervendrá, está permitiendo que el hombre lo intente para que vea el resultado de su esfuerzo milenario.

Tenemos una teoría. Por la Biblia sabemos que el período de siete años por el que pasa terminará con la batalla de Armagedón. Esta será la batalla más grande en la historia humana. En efecto, Jesús hace una declaración muy interesante acerca de esta época de la historia:

> Porque habrá entonces gran tribulación, cual no la ha habido desde el principio del mundo hasta ahora, ni la habrá. Y si aquellos días no fuesen acortados, nadie sería salvo; mas por causa de los escogidos, aquellos días serán acortados (Mateo 24.21-22).

Basado en esto nos preguntamos si existe la posibilidad de que los ejércitos en contienda hubieran iniciado un ataque y contraataque nuclear en lo más álgido de la batalla de Argamedón. Todos los misiles nucleares estarían en el aire y este podría ser el momento del regreso de Jesús. En ese instante la humanidad no tendría la excusa: «¡Hey, justo cuando íbamos a lograr la paz total!»

## CAPÍTULO 4

# EL FALSO
# PROFETA

El anticristo no actuará solo durante la tribulación. Tiene un cómplice, de acuerdo con la Biblia, llamado el falso profeta. Es más, en ese tiempo habrán tres personalidades malignas sobresalientes, algo así como una trilogía impía.

Ya en los primeros días de la historia, Lucifer o Satanás era un ángel celestial, pero quiso ser igual a Dios. Dios lo expulsó del cielo debido a su orgullo y a la rebelión que motivó. Desde entonces, ha tratado de engañar a la humanidad y de alejarla del verdadero Dios. Al no ser Dios, Satanás sólo es capaz de imitar y copiar las cosas de Dios. Y una de sus imitaciones es la trilogía. La Santísima Trinidad de Dios está constituida por el Padre, su hijo Jesucristo y el Espíritu Santo que motiva a los hombres hacia Jesús.

La versión de la trilogía satánica se compone en primer lugar de Satanás mismo, conocido también en la Biblia como el dragón. Luego está el anticristo, de quien hablamos en el capítulo anterior, también conocido como la bestia. Por último está el falso profeta, a quien enfocaremos en este capítulo.

Apocalipsis 16.13 hace referencia a estos tres personajes juntos: el dragón, la bestia y el falso profeta. El dragón imita a Dios. La bestia es el impostor de Jesucristo. Y el falso profeta ocupa el puesto del Espíritu Santo, arrastrando a los hombres hacia el anticristo.

## Señales y prodigios

Casi dos mil años atrás, cuando Jesucristo estuvo en la tierra, hizo muchos milagros. Convirtió el agua en vino, en una fiesta de bodas. Resucitó a Lázaro de la muerte. Sanó lisiados y ciegos y echó fuera demonios. Hizo estos milagros a través del poder del Espíritu Santo.

El Espíritu Santo capacitó a los discípulos de Jesús para realizar milagros, particularmente después que este ascendió al cielo. Se les dio poder para sanar cojos y ciegos. El apóstol Pablo restauró la vida de un joven que murió al caerse durante uno de los sermones del apóstol (el muchacho se quedó dormido y se cayó de lo alto). Estos son unos pocos ejemplos. Hubo muchos milagros en los primeros días de la Iglesia. Creemos que Dios siempre es el mismo, y lo que era posible entonces es posible ahora. Los milagros ya no son muy frecuentes. En la mayor parte de la era cristiana vemos muy pocos milagros *verdaderos* como los que se experimentaron en la iglesia primitiva. Vivíamos en una época de gracia en la cual llegamos a creer por fe en Dios y su hijo Jesucristo. 2 Corintios 4.18 nos dice:

> No mirando nosotros las cosas que se ven, sino las que no se ven; pues las cosas que se ven son temporales, pero las que no se ven son eternas.

Y en Hebreos 11.1, 6 se nos dice:

> Es, pues, la fe la certeza de lo que se espera, la convicción de lo que no se ve. Pero sin fe es imposible agradar a Dios; porque es necesario que el que se acerca a Dios crea que le hay, y que es galardonador de los que le buscan.

No obstante, en los últimos días que preceden al Arrebatamiento de los creyentes en Jesús ha habido un creciente interés en las señales y prodigios, tanto de parte de los creyentes como de los incrédulos. Muchos han empezado a ver en sí mismos la capacidad de realizar señales y prodigios como prueba de la validez de sus creencias. El problema es que muchas personas que tienen creencias variables, casi siempre directamente opuestas entre sí, parecen poder manifestar estas señales y prodigios.

El hecho es que muchos de estos milagros aparentes son fraudulentos, basados más en la prestidigitación que en cualquier poder espiritual. Pero hay muchos ejemplos en los cuales se ejerce algo más que el oficio de mago. Creemos que esto sucede debido a que en realidad nos acercamos a la época en que usted vive, la que está separada de nosotros tan solo por el Arrebatamiento.

### Las señales y prodigios estarán a la orden del día

Existen muy pocas dudas de que las señales, los prodigios y los milagros serán el eje del mundo en que usted vive. Observando a través de este prisma en el tiempo, Patti y yo creemos que se cambiará y cuestionará toda noción, idea y teoría de la realidad. La gente parecerá tener poderes recién desarrollados y será común en su mundo lo que en el nuestro es imposible.

La Biblia es muy específica en cuanto a esto. Por tanto, antes de hablar acerca del falso profeta, le recordamos que estos sucesos aparentemente milagrosos que está presenciando fueron profetizados por Dios hace mucho tiempo, y podrían no ser lo que aparentan:

> Inicuo [el anticristo] cuyo advenimiento es por obra de Satanás, *con gran poder y señales y prodigios mentirosos*, y con todo engaño de iniquidad para los que se pierden (2 Tesalonicenses 2.9, 10).

> Porque se levantarán falsos cristos, y falsos profetas, y harán grandes señales y prodigios, de tal manera que engañarán, si fuere posible, aun a los escogidos (Mateo 24.24).

En verdad, durante su tiempo de tribulación se hará mucho énfasis en las señales y prodigios. Pero estas en ninguna parte serán tan poderosas como en manos del falso profeta.

*Clave # 1: El falso profeta podrá hacer descender fuego del cielo.* Como acabamos de leer en 2 de Tesalonicenses 2.9, el anticristo mismo podrá hacer grandes señales y prodigios. Sin embargo, esta será en realidad la especialidad del falso profeta. Por ejemplo, él, *literalmente,* podrá hacer descender fuego del cielo ante la vista del anticristo y de una multitud de espectadores. Esto es algo muy específico que puedes observar.

Puedes leer acerca de este falso profeta en Apocalipsis 13.11-14:

> Después vi otra bestia que subía de la tierra; y tenía dos cuernos semejantes a los de un cordero, pero hablaba como dragón. Y ejerce toda la autoridad de la primera bestia [el anticristo] en presencia de ella, y hace que la tierra y los moradores de ella adoren a la primera bestia, cuya herida mortal fue sanada. También hace grandes señales, de tal manera que aun hace descender fuego del cielo a la tierra delante de los hombres. Y engaña a los moradores de la tierra con las señales que se le ha permitido hacer en presencia de la bestia.

Por medio de estos poderes el falso profeta podrá engañar a los habitantes de la tierra, haciendo que adoren a la bestia, o al anticristo. Satanás sabe que para las personas es difícil creer por fe como lo exige Dios. Así que las engaña con señales y prodigios para que lo sigan a él y a sus subalternos: el anticristo y el falso profeta.

*Clave # 2: El falso profeta hará una imagen que vive y habla.* Diariamente vemos tantas maravillas tecnológicas que nos quedamos atónitos. La ciencia ficción nos transporta más allá de nuestra imaginación. Quizás «Viaje a las estrellas» es el más popular de todos los programas de ciencia ficción. Los viajes semanales del capitán Kirk y Jean-Luc Picard, repetidos una y otra vez, estimulan la imaginación de esta generación. Uno de los aspectos populares de esta serie que queremos mencionar aquí es el llamado muelle mágico.

Este muelle es un cuarto mágico en el que la tripulación del *Enterprise* vive sus fantasías. Una vez que se programa el cuarto por medio de computadoras, un miembro de la tripulación se ve rodeado de un mundo prácticamente creado por él mismo. A su alrededor toman vida escenas, lugares y personajes de esta realidad virtual. Sin embargo, todo ese mundo está constituido de hologramas que no son más que imágenes de luz. Con las palabras: «Computadora, finalice el programa», todo el mundo virtual desaparece. La pregunta interesante para nuestro mundo es: «¿Cuánto de ese mundo es ficción y cuánto realidad?» Algunas personas creen que la capacidad científica puede hacer posible la realidad virtual, sólo que estamos esperando la aparición de computadoras suficientemente rápidas que desarrollen al instante los millones de cálculos necesarios. Después de todo, vivimos en una época en que se está reemplazando a los maniquíes de algunas grandes tiendas por modelos holográficos hechos tan solo de luz.

No podemos saber con certeza si esta tecnología pueda estar involucrada. Pero la Biblia señala que las imágenes más impresionantes que el mundo jamás ha observado tendrán vida en manos del falso profeta:

> Y [él] engaña a los moradores de la tierra con las señales que se le ha permitido hacer en presencia de la bestia, mandando a los moradores de la tierra que le hagan imagen a la bestia que tiene la herida de espada, y vivió. Y se le permitió infundir aliento a la imagen de la bestia, para que la imagen

hablase e hiciese matar a todo el que no la adorase
(Apocalipsis 13.14, 15).

No tenemos idea exacta de cómo irá a suceder esto, pero
la Biblia especifica muy bien que ocurrirá. Manténgase
vigilante y tenga en cuenta que Dios le dijo con anticipación
que cuando llegara el momento le ayudaría a acrecentar su
fe, y que le llevaría a tomar la decisión correcta aunque fuera
difícil. Una de las promesas más hermosas de la Biblia es
que si confiamos en Él, Dios nos dará siempre la fortaleza
de acuerdo al reto que nos pone. No olvide que por muy
poderosos que parezcan, Satanás y sus subalternos son sólo
burdas imitaciones del verdadero Hacedor de milagros.

*Clave # 3: El falso profeta intentará que usted reciba una marca
en sus manos o en su frente.* Ya hablaremos más adelante de
esto, pero Apocalipsis 13 también nos da otra visión del
carácter y las actividades de este falso profeta. Este engaña-
dor establecerá un sistema por medio del cual todos los
habitantes del planeta tendrán que recibir una marca en la
mano derecha o en la frente, con el fin de poder comprar o
vender cualquier cosa:

> Y hacía que a todos, pequeños y grandes, ricos
> y pobres, libres y esclavos, se les pusiese una marca
> en la mano derecha, o en la frente; y que ninguno
> pudiese comprar ni vender, sino el que tuviese la
> marca o el nombre de la bestia, o el número de su
> nombre (Apocalipsis 13.16, 17).

Por favor, no reciba nunca esta marca. Le diremos todo
acerca de ella en el capítulo 6; recibirla es la más grande
equivocación desde que Eva comió de la fruta prohibida en
el huerto del Edén. Recuerde cuán específicamente la Biblia
ha profetizado sobre todo esto. Déjela edificar y estimular
su fe.

### ¿Por qué no debo creer en ellos?

Sólo porque alguien puede efectuar una señal o un prodigio no quiere decir que dice la verdad, ¿no es así? Por supuesto que no. Por eso Dios siempre da más que unas pocas señales y prodigios a quienes le conocen. Nos da un libro completo mediante el cual llegamos a conocerlo y entenderlo. Al hablar con Él recibimos su guía y sus enseñanzas. Y hará lo mismo por usted hoy, exactamente ahora, en el mundo en que usted vive.

Sin embargo, una de las cosas que debe recordar es esto: No crea todo lo que ve. No se puede confiar solo en milagros, poderes o palabras tiernas:

> Porque éstos son falsos apóstoles, obreros fraudulentos, que se disfrazan como apóstoles de Cristo. Y no es maravilla, porque el mismo Satanás se disfraza como ángel de luz (2 Corintios 11.13, 14).

Hace muchos años los israelitas eran esclavos en Egipto. Dios envió a Moisés como su mensajero, diciéndole a Faraón que liberara a su pueblo. Moisés realizó señales y prodigios frente a Faraón y su corte para probar que Dios era real y que quería que dejara libre a su pueblo.

El faraón se negó. Sus magos trataron de probar que Moisés no tenía más poder que ellos. Podían imitar las señales y maravillas que hizo Moisés, pero solo hasta cierto punto. La vara de Moisés se convirtió en serpiente; entonces a las de los magos les pasó lo mismo. Pero la serpiente de Moisés se comió las de ellos.

Lo que intentamos decirle es que Dios le advirtió que esto iba a suceder. Le habló de lo poderosas que serían estas señales. Al mismo tiempo le está ofreciendo pruebas de que Él es Dios al profetizarle todo esto, lo cual es algo que en realidad solo Él puede hacer. A medida que vea, le mostrará también claramente quién se encuentra detrás de todas esas señales y prodigios. Si quiere ser dirigido, Él le dirigirá. Todo lo que tiene que hacer es creer en Él y seguirlo.

## CAPÍTULO 5

# ¿QUÉ EXPLICACIONES ESCUCHARÁ ACERCA DE LA DESAPARICIÓN?

Regresemos por un momento a la pregunta que debe estar dando vueltas en su mente. ¿Quiénes se marcharon y a dónde fueron? Patti y yo le dimos ya la explicación que da la Biblia a esta gran desaparición miles de años antes de que sucediera. También le explicamos el porqué podíamos entender lo que iba a pasar cuando le escribimos estas líneas.

Además, sabemos que ya debe estar en acción el más grandioso líder que el mundo ha conocido. No hay duda de que él tendrá tremendas y tranquilizantes explicaciones para lo ocurrido. Sabemos también que estas serán tan convincentes que cada aspecto de su ser querrá creer que la historia es verdadera. Pero no olvide que si este individuo es aquel de quien habla la Biblia, sabrá muy bien qué botones tocar en la mente y el corazón de las personas. Su ocupación ha sido por mucho tiempo el engaño y la traición.

## El antiguo recordatorio

Patti y yo tenemos un gran temor a medida que le escribimos estas líneas. Nos preocupamos debido a que mientras entendemos muchos de los sucesos que se realizarán en su tiempo, existen otras áreas en las que debemos especular un poco. En la mayoría de los casos creemos tener un sentido general de lo que acontecerá. Pero el hecho es que tenemos sólo un punto de vista dentro de un mundo que posiblemente no podemos comprender.

Allí es donde reside nuestro temor. Quizás pudimos malinterpretar algunas de las claves que brinda la Biblia en nuestro afán de mostrarle detalladamente lo que en ella vemos. Lo que le pedimos que haga es que tome las claves que da la Biblia y las mantenga alejadas de nuestra interpretación. Somos falibles mientras que la Biblia no. Creemos que esta es nuestra manera de decir que no tire todo por la borda debido a que hay algo que no entendemos perfectamente.

### Nada es como parece

La palabra que puede describir mejor el momento en que usted vive es *engaño*.

Como lo dijimos anteriormente, cuando se le preguntó a Jesús en cuanto a su regreso a la tierra, las primeras palabras que expresó fueron una advertencia en contra del engaño. Ahora que ha sucedido el Arrebatamiento y que el Espíritu Santo ya no es un impedimento, creemos que usted se encuentra en el núcleo de este período de engaño sin par. También pensamos que este engaño incluye una mentira diabólicamente ingeniosa acerca de lo que sucedió con los que desaparecieron y con los que quedaron.

### ¿Quiénes se fueron?

No debería haber mucha discusión acerca de quiénes se marcharon. Aparente y rápidamente estará claro que todos los que se fueron tenían algo en común. Ya sea que viviéramos en Canadá, China, Rusia o en cualquier otra parte, aquellos que nos fuimos teníamos un punto común: Creíamos que Jesús era el Hijo de Dios y lo aceptamos como el Señor.

Eso no significa que desapareciera todo aquel que dijo ser cristiano. Este hecho creará enorme confusión. Muchos predicadores, sacerdotes y miembros de iglesias permanecerán en el mundo de usted. Por supuesto, altercarán con cualquiera diciendo que son «cristianos no desaparecidos». Casi con certeza alegarán que los desvanecidos fueron los falsos cristianos y los inadaptados.

No obstante, no olvide que por definición bíblica esas personas no son cristianos verdaderos, sin importar el alto rango que hayan desempeñado en una iglesia, o de lo contrario hubieran desaparecido en el Arrebatamiento. Cuídese de ellos. Creemos que estarán entre los más engañosos y peligrosos baluartes del anticristo y su falso profeta. Habiendo estado muy cerca de la luz, ahora están consumidos por la oscuridad.

Lo que le decimos es que en general se aceptará que quienes desaparecieron tenían una fe común. Pero probablemente también se extenderá la creencia de que de alguna manera eran inadaptados. El engaño empezará en verdad a ser interesante al buscar respuesta a la pregunta: «¿A dónde se fueron?»

La Biblia no nos dice cuál será la teoría del anticristo. Es más, no nos da en absoluto una explicación detallada de ese acontecimiento. Esto significa que tenemos que especular un poco. Pero antes de hacerlo encaremos algo que conocemos en este momento.

### La explicación parecerá probar «la mentira»

El propósito del nuevo orden mundial es lograr que todo el mundo crea una mentira específica. Cuando mencionamos este nuevo orden le explicamos parte de la mentira. La ofensiva básica de este movimiento es conseguir que usted crea que no necesita que Dios venga y rescate al mundo, y que usted tiene el poder de hacerlo por sí mismo. Seguramente no necesitará una anticuada promesa de «un nuevo cielo y una nueva tierra». La nueva era de paz y prosperidad se puede construir aquí en la tierra.

Sin embargo, hay una mentira más fundamental que encubre la anterior. Se encuentra tras la historia total de este mundo y del conflicto de Satanás con Dios antes de la creación. Recordemos y analicemos esa historia. Asombra lo básica que es para el mundo en que usted vive por el clímax que se ha vivido desde hace unos pocos años.

Hubo una ocasión en el cielo cuando un ángel llamado Lucifer era el mayor de todos los ángeles en el dominio de Dios. Él, sin embargo, concibió un día una mentira en su corazón, una mentira que le decía que podría ser más grande que su creador. Ese día Dios lo expulsó del cielo:

> ¡Cómo caíste del cielo, oh Lucero, hijo de la mañana! Cortado fuiste por la tierra, tú que debilitabas a las naciones. Tú que decías en tu corazón: *Subiré* al cielo; en lo alto, junto a las estrellas de Dios, *levantaré* mi trono, y en el monte del testimonio me *sentaré*, a los lados del norte; sobre las alturas de las nubes *subiré*, y *seré semejante al Altísimo* (Isaías 14.13-14, énfasis añadido).

Habiéndose creído esta mentira que él mismo creó, Lucifer fue expulsado del cielo y se convirtió en el gobernador temporal de esta tierra. Recordará que Lucifer usó esta misma mentira para engañar a Eva en el huerto del Edén.

Dios dijo a Adán y Eva que podrían comer de todo árbol en el huerto, menos de uno: del árbol del conocimiento del bien y del mal. También les dijo que si comían del fruto de ese árbol morirían espiritualmente. Pero Lucifer, la serpiente, conocedor del poder de la mentira, sedujo de manera sutil a Eva con la misma mentira:

> Entonces la serpiente dijo a la mujer: No moriréis; sino que sabe Dios que el día que comáis de él, serán abiertos vuestros ojos, *y seréis como Dios* (Génesis 3.4, 5, énfasis añadido).

La mentira de Satanás no ha cambiado en los miles de años transcurridos desde ese fatídico día. La manera de actuar de Satanás a través de toda la historia ha sido la promesa de que si el hombre rompe las ataduras de la fe en Dios descubrirá que es realmente un dios. Es más, esta ha sido la enseñanza central de casi toda falsa religión y culto. Déjenos darle sólo unos pocos ejemplos de cuán ampliamente esta mentira se ha extendido por las religiones falsas de Satanás:

El diablo dijo la verdad acerca de la divinidad[...] No culpe a la madre Eva. Por nada en el mundo me habría perdido el comer de ese fruto.

Brigham Young, antiguo presidente de la Iglesia Mormona[1]

La suposición absoluta de lo que muchos de nosotros hacemos en el Movimiento de Sanación Holística es que todo lo necesario para crear mi vida está en mí[...] Creo que yo soy dios y que usted también lo es.

Jack Gibbs, sicólogo[2]

Eres un dios en tu universo.

Werner Erhard, fundador de una escuela esotérica[3]

El hombre es un dios emergente[...] Tanto mi plan como mi deber es revelarle una nueva manera[...] la cual permitirá destacarse lo divino del hombre.

Benjamín Creme, líder de la Nueva Era[4]

---

1  *Deseret News*, sección iglesia, junio 18 de 1873, p. 308, tal como se cita en *The God Makers* [Fabricantes de dioses], de Ed Decker y Dave Hunt, Harvest House Publishers, Eugene, OR, 1984, p. 30.

2  *The Journal of Holistic Health*, 1977, Jack Gibb, «Aspectos Sico-sociológicos de la sanación holística», p. 44; tal como lo cita Dave Hunt en *The Seduction of Christianity* [Seducción de la cristiandad], Harvest House Publishers, Eugene, OR, 1985, p. 119.

3  W. Erhard, *If God Had Meant Man to Fly, He Would Have Given Him Wings* [Si Dios quería que el hombre volara, le habría dado sus alas] p. 11.

4  B. Creme, *The Reappearance of the Christ and the Masters of Wisdom* [La reaparición del Cristo y los Maestros de Sabiduría], Londres, The Tara Press, 1980, mensaje # 81 del 21 de septiembre de 1979, p. 246.

Permanece en calma y aprende que eres dios.

Maharishi Mahesh Yogi, fundador
de la Meditación Trascendental[5]

Dios y el hombre son uno. El hombre es un dios
encarnado.

Sun Myung Moon, fundador
de la Iglesia Unificada[6]

## El eje de cualquier explicación

Como ya lo dijimos, no tenemos seguridad de cómo el
anticristo le explicará lo relacionado con el Arrebatamiento.
Sin embargo, confiamos muy plenamente en que cualquier
explicación que dé promocionará la mentira medular de
que usted es su propio dios. Él desea hacerle creer que usted
tiene poderes en su interior y que si le permite que le ayude
a aprovecharlos descubrirá una realidad en nada parecida
a lo que pudiera haber imaginado.

Le parecerá convincente. Ofrecerá pruebas asombrosas
para sus promesas; sin embargo, es el mismo viejo truco
usado con éxito para engañar al corazón del hombre. Usted
lo está viendo en su forma más poderosa.

Con estos hechos en mente, miremos algunas de nuestras especulaciones que muy bien podrían ser elementos de
una parte de la explicación del anticristo a lo que pasa en su
mundo.

## La evolución: otra vieja mentira

La evolución ha sido una de las teorías más persistentes
relacionadas con el origen del hombre, en caso de que Dios
no nos hubiera creado. Durante las décadas pasadas esta
teoría se ha considerado extraordinariamente como ciencia

---

5 *Meditations of Maharishi Mahesh Yogi* [Meditaciones de Maharishi Mahesh
   Yogi], p. 178.
6 S.M. Moon, tal como lo cita Dave Hunt en *The Seduction of Christianity*, [La se-
   dución de la cristiandad], Harvest House Publishers, Eugene, OR, 1985, p. 56.

legítima a pesar del hecho de que más y más descubrimientos la desacreditan incluso como teoría viable.

¿Cómo se relaciona este antiguo debate con su mundo? En nuestro tiempo anterior al Arrebatamiento, la teoría de la evolución tuvo un vuelco intrigante. La discusión entre muchos evolucionistas no es solo acerca de cómo la humanidad se formó en algún charco de lodo hace millones de años. Muchos alegan que la evolución es un proceso en marcha, no algo que sucedió hace millones de años, por lo cual esperan que la humanidad evolucione aún más.

Debido a que de manera curiosa no se puede encontrar el eslabón perdido en sus cadenas de evolución, muchos científicos que no están dispuestos a descartar sus teorías han sugerido que tal vez la evolución después de todo no sucede muy lentamente a través de millones de años. Quizás ocurre de manera repentina en lo que ellos llaman saltos cuánticos. Al colocar estas dos teorías juntas, muchos creen que la humanidad está a punto de experimentar otro salto súbito en el proceso de evolución.

Pero existe otra tergiversación para esta ciencia novedosa. Hasta hace poco se pensaba en la evolución en términos físicos. Sin embargo, en los días anteriores al Arrebatamiento, muchos evolucionistas empiezan a sugerir que el próximo salto cuántico será espiritual y no físico. Argumentan que el incremento de los poderes síquicos, la telepatía y otros poderes mentales en algunos sectores de la población presagian una próxima evolución para todas las especies.

Willis Harman, ex asesor de National Goals Research Staff [Personal de investigación nacional de metas] de la Casa Blanca y profesor del Instituto de investigación Stanford lo dijo de esta manera:

> Los fenómenos síquicos son anómalos, su aparición es ampliamente atestiguada, aunque no concuerdan con leyes físicas y biológicas conocidas. Sin embargo, sugieren que hay algo básicamente incompleto acerca de una visión mundial

que no puede acomodar su existencia[...] Las clases de papeles que comúnmente se presentan en las reuniones científicas y en los artículos que publican los más prestigiosos periódicos de ciencia sugieren que, en relación tanto a la investigación física como a la del conocimiento, la transición de la negación a la aceptación puede estar a la vista.[7]

Ellos creen que algún día la humanidad como un todo descubrirá cómo utilizar el potencial divino interno que supuestamente yace en nosotros. Así lo expresó un miembro de la Nueva Era: «Si en última instancia hombres y mujeres provienen de la amebas, entonces están a la larga en su camino hacia Dios».[8]

### ¿Parte de un salto de evolución masiva?

Una proponente de la evolución espiritual en nuestros días es Barbara Marx Hubbard. Fue nominada por el partido demócrata al cargo de vicepresidenta de la organización en la convención nacional de 1984. Ella ve esto como un acontecimiento de bíblicas proporciones y dice que algo así como un salto cuántico brindaría

> Una transfiguración y empobrecimiento de millones al mismo tiempo[...] un segundo prometedor en que nuestras conciencias se levantarán, transformándonos de la misma manera que lo hizo Cristo[...] tales acontecimientos se están preparando ahora.[9]

---

7  Willis Harman, W.W. Norton & Co., Nueva York, 1976, p. 94.
8  Ken Wilber, *The Atman Project*, tal como lo citan Dave Hunt y T.A. McMahon, en *The Sorcerer's New Apprentice* [Aprendices de hechiceros], Harvest House Publishers, Eugene, OR, 1988, p. 227.
9  B. M. Hubbard, *The Book of Co-Creation: An Evolutionary Interpretation of the New Testament* [El libro de la creación compartida: Una interpretación evolucionista del Nuevo Testamento], un manuscrito inédito de tres secciones fechado en 1980.

Aunque tales ideas no se aceptan ampliamente en nuestro mundo de hoy, muchos científicos respetables empiezan a internarse en ellas. Y aunque ahora parezcan tontas, pensamos que en su mundo se aceptarán con ansia.

¿Por qué? Porque estará viviendo en un período único y extraordinario. Lo que no sucede en nuestro tiempo sucederá en el suyo. Será una época de milagros, señales y prodigios. En esa clase de realidad novedosa es lógico pensar que las personas buscarán nuevas respuestas.

Como ya lo dijimos, la Biblia dice que estas señales y prodigios son la obra de espíritus de seducción que ya no estarán frenados por el Espíritu Santo. Sin embargo, el mundo no va a aceptar esta explicación. El suyo es el tiempo en que se odiará la Biblia y no se la tomará como fuente de información acerca de lo que está pasando. Así que podemos deducir que se ofrecerán otras explicaciones para este fenómeno, de la misma manera que se darán diferentes versiones para el Arrebatamiento. Esta idea del salto cuántico y la evolución espiritual calza con las mentiras que el diablo está ahora tratando de sembrarle mediante su líder ungido y el falso profeta.

Recuerde que la teoría de la evolución es opuesta a la creación del mundo y de la humanidad por intermedio de Dios. Si pueden persuadirle a creer en la evolución, entonces cambiará todo en el mundo, especialmente a la luz de la prueba aparente que le dan por medio del salto cuántico que se ha realizado. Por primera vez en la historia usted podrá ser testigo del desarrollo de una nueva fe mundial edificada en base al humanismo extremo.

Si la humanidad está evolucionando, y esa evolución es espiritual, ¿no parece que esto prueba la mentira capital de Lucifer en el huerto del Edén? Después de todo, si usted se mantiene evolucionando en planos cada vez mayores, parecerá que habrá un momento en que «será como dios».

## La trampa del siglo (y más allá)

Existe una asombrosa (mas no sorprendente), correlación entre la antigua mentira de Satanás y la teoría de la evolución espiritual. La sutileza de la trampa es que la proclama aquel a quien Dios llama «el padre de las mentiras», que es tan poderoso, hábil y persuasivo que estamos convencidos de que casi todos los habitantes de la tierra serán empujados a creer.

Parte del poder de esta mentira viene del hecho que se enfoca directo al punto más débil del hombre: el orgullo. No hay nada más liberador para la mente humana que la idea de que el hombre no tiene que responder por sí mismo y que en su interior se halla todo el poder. De igual grado de convencimiento es la idea de que esas elevadas afirmaciones parecen basarse en la ciencia y no en la religión. Piense en ello por un instante. La ciencia se basa en la observación y el análisis. Los científicos de su mundo serán en verdad capaces de observar que se realizan algunos fenómenos muy reales y diferentes. Nos referimos a los milagros, señales y prodigios. ¿Cómo podrían ellos explicar los nuevos poderes que tiene la gente? ¿No parecerá que se han internado en un nuevo reino de poderes mentales?

Pero espere un minuto. La ciencia se basa en la observación de todos los hechos y en llegar a una conclusión fundamentada en esos hechos. Sin embargo, la Biblia nos dice que la causa de esos acontecimientos de su mundo no será detectada ni por los más brillantes científicos. En verdad, los mismos demonios, cuya existencia niega la ciencia, son los que moverán las cuerdas tras el escenario para llevar al mundo al engaño de la mentira. En una maniobra Satanás y sus secuaces usarán la ciencia, la jactancia máxima de orgullo y logros humanos, como herramienta para esclavizar al hombre.

Hace mucho tiempo la Biblia nos advirtió que evitáramos «los argumentos de la falsamente llamada ciencia» (1 Timoteo 6.20). Esto nunca había sido tan real. Recuerde, la regla general de su época es que nada será como parece ser.

## Si la humanidad evolucionó, ¿qué pasó con los que se marcharon?

La evolución representa un período de gran cambio. Las mismas personas de nuestro tiempo que predican el cambio venidero también dicen que aquellos que no pueden cambiar impiden su realización.

Por eso no es sorprendente que quienes proponen la filosofía de la evolución espiritual también enseñan que aquellos que estorben el progreso evolutivo tendrán que ser removidos. De tal manera que, como ya lo dijimos, tal vez usted oirá que *fueron* algunos cristianos los que experimentaron la desaparición masiva. Pero también se le dirá que no fue debido a que éramos creyentes en Jesucristo, sino debido a que éramos malas personas. Fuimos los que tuvimos miedo al cambio e intentamos detenerlo. He aquí como ve el asunto un escritor:

> Los fundamentalistas religiosos están convencidos de que viven en los tiempos finales y que esta era terminará en un holocausto nuclear. Creen que quienes nacen de nuevo serán arrebatados por Dios para encontrarse con Jesús en el aire, mediante lo que ellos llaman el Arrebatamiento antes de la gran tribulación que destruirá la tierra[...] Hay una fuerza histórica que unifica a la humanidad, pero los fundamentalistas no comparten esta visión.[10]

Como estudiantes de la profecía bíblica en este lado del Arrebatamiento, estamos asombrados de ver el creciente odio hacia los cristianos bíblicos que presagia la persecución declarada que existirá en su tiempo. Sin embargo, es incluso más fascinante ver al diablo y sus secuaces haciendo el trabajo preliminar de las falsas explicaciones acerca de lo que en realidad fue esta gran desaparición. Barbara Marx

---

10 Andrew Lang, *Cleveland Plain Dealer*, The Christic Institute, Cleveland, OH, enero 4 de 1989.

Hubbard dice que sus guías espirituales (demonios) lo explican de esta manera:

> La humanidad no podrá realizar la transición de la tierra a la vida universal hasta que el cascarón no se haya separado del trigo. El gran cosechador debe segar antes de que podamos dar el salto cuántico a la fase siguiente de la evolución[...] Este acto es tan horrible como matar una célula cancerosa. Se debe hacer por el bien futuro de la totalidad[...] No tenemos alternativa, estimados míos. Está en juego la destrucción del planeta entero o la eliminación de los egoístas impíos, que en esta época de nacimiento planetario pueden, si se les permite vivir, reproducir su anormalidad, destruir para siempre la oportunidad del *homo sapiens* de convertirse en *homo universalis*.[11]

Los espíritus guías de la líder de la Nueva Era, Ruth Montgomery, van más directo al grano. Ella asegura que le dijeron:

> Aquellos que sobrevivirán al cambio serán una clase diferente de personas[...] Las almas de quienes ayudaron a traer el caos al siglo actual *pasarán dentro del espíritu para que recapaciten en su actitud[...] Millones sobrevivirán y millones no. Los que no lo hagan serán llevados al estado de espíritu.*[12]

### Nuevos poderes para los que se quedarán

Según los seguidores de la Nueva Era, hay otra razón para que se deba remover a los menos iluminados. En la convención nacional demócrata de 1984, Hubbard mostró que sus espíritus guías le transmitieron el conocimiento de

11 B.M. Hubbard, *op. cit.*
12 Ruth Montgomery, "Threshold to Tomorrow" [Umbral al mañana], *Magical Blend*, ejemplar 113, 1986, p. 206.

que estaban verdaderamente capacitados para dar poderes engañadores a las personas después del Arrebatamiento. De acuerdo con Hubbard y sus guías, esta es otra razón para que algunos sean removidos del planeta:

> La conciencia y las habilidades de Cristo son la herencia natural de todo ser humano ahora en la tierra[...] A los que escojan ser cristos naturales se les dirá cómo proceder. Los que escojan no evolucionar morirán; sus almas empezarán de nuevo en un diferente sistema planetario que les servirá de preparación para la transición de egocentristas en seres completos[...] ¡Permitir que los humanos egocentristas entren en el nivel siguiente de evolución sería como dar a un niño de dos años los poderes de un cirujano síquico, de un ingeniero genético y de un jefe de personal de las fuerzas nucleares mundiales!
>
> Exactamente como cualquier célula cancerosa puede infectar el cuerpo entero con crecimiento destructivo, todo ser en el cuerpo de la humanidad puede destruir el todo después de que cierto nivel de poder colectivo se haya desencadenado.
>
> En tales circunstancias, solo los buenos pueden evolucionar. Como los poderes de creación son también de destrucción, hay un límite levantado contra el egoísmo, de la misma manera que lo hay para las células cancerosas. Si cualquiera de los dos vence seguramente fallará, matando el sistema total que lo sustenta. Si un individuo en estado de egocentrismo heredara los poderes de un Cristo natural podría destruir el universo. Esto no puede ser.[13]

13 B.M. Hubbard, *Happy Birth Day Planet Earth: The Instant of Cooperation* [Feliz cumpleaños Planeta Tierra: El momento de cooperar], Ocean Tree Books, Santa Fe, NM, 1986, pp. 12, 17, 19.

Aunque esta no es, por supuesto, una explicación completa para tales convicciones de la Nueva Era, va a mostrar que la teoría de una humanidad evolucionada y la desaparición de quienes la estorban está muy metida en el corazón del mundo metafísico de nuestros días.

Sin embargo, aun queda sin respuesta una pregunta interesante: ¿A dónde dirán que se marcharon los que desaparecieron? Estamos de regreso a la segunda mitad de nuestra pregunta: «¿Quiénes se marcharon y a dónde fueron?»

Usted podría tener una idea de una posible respuesta engañosa a la pregunta anterior. Ruth Montgomery dijo anteriormente: «Las almas de quienes ayudaron a traer el caos al siglo actual pasarán dentro del espíritu para que recapaciten en su actitud[...] Ellas irán al estado de espíritu». También dijo Hubbard que «sus almas empezarán de nuevo en un diferente sistema planetario que les servirá de preparación para la transición de egocentristas en seres completos».

Estas ideas *están* verdaderamente muy aferradas al corazón del pensamiento esotérico actual. Existe la idea de que los retrógrados que se niegan a crecer y evolucionar serán transportados a otra dimensión o a otros planetas como una clase de programa remedio de aprendizaje. Casi parece ciencia ficción.

### Nuevas respuestas para una nueva generación

A fines del siglo veinte vivimos un período de emocionantes e increíbles avances científicos. Los hechos se desarrollan tan rápidamente que casi todo parece posible: si no hoy, será mañana o el día siguiente.

Por primera vez en la historia estamos condicionados a esperar y anticipar los cambios. Parece que lo único que permanece inalterable es el cambio, y este sucede tan rápido que a menudo nos confundimos entre lo que ya se ha inventado y lo que vimos en «Viaje a las Estrellas» la semana pasada. Esta es en verdad una época emocionante y confusa.

En este mundo en que la ciencia se confunde frecuente-
mente con la ficción se nos proporcionan diferentes respuestas a nuestros interrogantes. ¿Será en verdad el mundo
llevado a juicio y a destrucción? «No», dicen los encargados
del timón de la nave *Enterprise*. Aseguran que estamos
empezando a explorar al universo y a nosotros mismos, y
que nos uniremos a la Federación Unida de Planetas.

¿Fuimos creados por Dios? «No. ¡Miles de veces no! ¿No
entiendes que los extraterrestres nos plantaron aquí hace
millones de años? ¿No sabes que ellos nos han estado
vigilando y que ahora regresan debido a que enfrentamos
nuestra autodestrucción y que hemos alcanzado un nivel en
que estamos listos para ser parte de la civilización universal?»

¿Existe por lo tanto un Dios? «Por supuesto que no,
criatura. Lo que te parece milagroso y misterioso no son más
que tecnologías que no entiendes. Hombres como Jesús,
Buda y Mahoma fueron sólo astronautas que te enviamos
para ayudarte a ver que tú también podrías desarrollar los
mismos poderes que tenían ellos. Pero los malinterpretaste
y los adoraste sin darte cuenta de que ellos querían que te
adoraras a ti también.

¿Entonces las personas que desaparecieron no se encon-
traron con el Señor en el aire ni van a estar con Él para
siempre? «¡Válgame Dios, pequeño, no! Con seguridad has
visto el rayo transportador en el programa de televisión
Viaje a las Estrellas. Sencillamente hemos transportado a
esa gente porque no estaban listos para el paso siguiente».

### Envíame, Scotty

Piense en esto por un momento. ¿Cuál es la imagen que
todos los habitantes del planeta tienen al ver a alguien que
se desaparece frente a sus ojos? Adivinó, es el rayo transportador de Viaje a las Estrellas. Esto hace que nos pregun-
temos si podría ser una parte de la explicación de esta
desaparición masiva. Mientras más pensamos en ella, la
idea de los *ovnis* calza perfectamente con la mentira de
Satanás y su plan para engañar la humanidad de su tiempo.

No hay duda de que si un *ovni* aterrizara en el planeta, o si tuviéramos alguna clase de contacto de primer tipo, cambiaría instantáneamente la comprensión del universo. El expresidente de Estados Unidos, Ronald Reagan especuló acerca de esa teoría en uno de sus discursos:

> Siempre me he preguntado que si descubriéramos que un poder espacial de otro planeta nos amenazara, ¿no estaríamos todos unidos de repente?[14]

En realidad Reagan hizo referencias a *ovnis* en dieciocho diferentes ocasiones. Cuando salió de la Casa Blanca reconoció haber visto uno cuando era gobernador de California.

Entre otros eminentes líderes de la historia mundial que vieron *ovnis* o creyeron en su existencia se encuentran el senador Barry Goldwater, el príncipe Felipe de Inglaterra, el general Douglas MacArthur, John Kennedy, Jimmy Carter y el astronauta Gordon Cooper.

> La variedad de testigos de *ovnis* no tiene fin. Incluyen personal militar de las fuerzas aéreas, terrestres y marinas; especialistas en radar, ingenieros marinos, controladores de tráfico aéreo, astrónomos, agentes del FBI, policías nacionales, estatales y municipales. En la lista también se encuentran pilotos y tripulación de American, United, Eastern, Pan American, Northwest, Western y TWA. Millones en el Reino Unido, Francia, Australia, Sur América, Méjico y otras naciones de todo el mundo han visto ovnis.[15]

En el pasado se veía a los *ovnis* como historias cómicas y los que decían haber hecho contacto con ellos eran candida-

---

14 *UFOs: The Hidden Truth* [OVNIS: La verdad oculta], video presentado por New Liberty Films and Video, Shawnee Mission, KS.
15 *Ibid.*

tos a ser internados en manicomios. Sin embargo, hoy día algunos científicos están tomando en serio la posibilidad de que haya vida en otros planetas. Después de todo, si tenemos nuestros propios transbordadores espaciales, la idea de viajes siderales no es exagerada.

La NASA lanzó en 1982 un proyecto de cien millones de dólares para buscar extraterrestres en nuestro universo. El proyecto se conoció como SETI (Búsqueda de Inteligencia Extraterrestre, por sus siglas en inglés). Durante varios años se instalaron equipos de radio y computadoras en el desierto de Mojave, pero no se hizo ningún contacto.

## Algo está pasando

Aunque no se descubrió nada por medio de SETI, los archivos del gobierno se llenaron con informaciones sobre visiones de objetos desconocidos. La evidencia que se recogió y analizó de buena fuente señala que algo está sucediendo.

No obstante, ¿fueron en realidad las visiones de *ovnis* o existe otra explicación? No olvide que los espíritus seductores tienen cierta libertad de reinar en nuestra época y con mayor razón en la suya. En esta clase de ambiente no quiera creer todo lo que ve.

El doctor Jacques Vallee fue un astrofísico por entrenamiento y científico en computación profesional. Él invirtió más de tres décadas en el estudio de los *ovnis*. Después de investigar casi todo relato de contacto extraterrestre o visión de *ovnis* llegó a la conclusión de que probablemente fueran una realidad, pero que no parecían ser físicos.

También descubrió que el fenómeno involucrado con los *ovnis* era el mismo relacionado con el ocultismo y lo paranormal. El doctor Vallee no es un cristiano que arroja demonios en algún culto, es un científico creyente en *ovnis*. En su libro *Messengers of Deception* [Mensajeros del engaño], escribe:

Unos pocos investigadores, en particular Ray Palmer, John Keel y Salvatore Freixedo, han suge-

rido tanto en declaraciones públicas como en conversaciones privadas conmigo que podría haber
un vínculo entre los casos de *ovnis* y el «ocultismo».

A primera vista, la sola sugerencia de tal vínculo es inquietante para un científico. No obstante[...]
la testificación del fenómeno de *ovnis* contiene
efectos fantasmales, levitación, control síquico, experiencias extrasensoriales y de sanidad[...] espíritus de familiares[...] literatura ocultista[...] que se
encuentra en las enseñanzas de la Orden de los
Rosacruces y otras filosofías, las que han inspirado
no sólo el resurgimiento de la brujería sino también[...] «escritores» síquicos y «científicos parasicólogos»[...] Más aún, existe una conexión entre los
*ovnis* y los temas ocultistas en sus efectos sociales.[16]

Casi una década después, Vallee escribió en *Dimensions:
A Casebook of Alien Contact* [Las dimensiones: Un registro de
contacto extraterrestre]:

En los últimos veinticinco años se han registrado por lo menos diez mil casos de aparición de
*ovnis* en los que los científicos competentes no han
dado explicación alguna (no me refiero al número
de casos informados sino a los miles de ellos no
resueltos, y mi apreciación es bastante conservadora). Sin embargo, aún no se ha establecido un
puente entre este conjunto de información y la
evidencia de que existe debido a fenómenos síquicos como precognición, sicoquinesis y telepatía.
Tal puente es necesario no sólo porque los actuales
descubrimientos parasicológicos podrían aclarar
algunos incidentes místicos de *ovnis*, sino también

16 J. Vallee, *Messengers of Deception*, Berkeley, 1979, pp. 204-05, como lo cita
Dave Hunt en *The Cult Explosion* [Explosión de cultos], Harvest House Publishers, Eugene, OR, 1980, pp. 19-20.

porque a cambio podría haber un entendimiento de la naturaleza del fenómeno *ovni* que provea nuevos puntos de vista acerca de los casos extraordinarios que aún no se han duplicado en el laboratorio. Daría una clave para averiguar el mecanismo de algunos procesos síquicos[...]

¿Qué pasaría si con mentalidad amplia examináramos los registros de aparición de ovnis como parte integrante de fenómenos síquicos? Encontraríamos que la precognición, la telepatía y hasta la sanación son comunes entre los reportes, especialmente cuando estos implican la observación cercana de un objeto o la exposición directa a su luz.[17]

¿No es interesante que el mismo fenómeno usado para probarle al hombre que es dios, es también el núcleo de estos supuestos hermanos siderales? Todo calza perfectamente. Tiene que reconocer que al menos sugiere una fuente común.

## Los ovnis ya no son un chiste

Considere todo esto en relación a la tendencia que ha aparecido en los últimos años. A mediados de la década de los ochenta, Whitley Strieber escribió dos libros titulados *Communion* [La comunión] y *Transformation* [La transformación]. Esos libros fueron éxitos arrolladores de librería que esparcieron un nuevo nivel de interés en el fenómeno *ovni* y sus propósitos. Al igual que Vallee, Strieber no es cristiano, es escritor de novelas de terror y presunta víctima de múltiples secuestros por parte de extraterrestres.

Además, es útil notar que hoy día el enfoque total de los seguidores de los *ovnis* se centra en los informes de grandes cantidades de personas llevadas a bordo de ellos. Asombra que los informes de supuestos contactos han evolucionado desde visiones lejanas hasta el punto en que ahora mucha gente asegura que los han «transportado».

17 J. Vallee, *Dimensions: A Casebook of Alien Contact*, Contemporary Books, Chicago, IL, 1988, pp. 172-73.

Strieber escribió en *Communion:*

> Los aparentes encuentros con seres extraterrestres no son nuevos, datan de hace miles de años. Lo nuevo es que en esta última parte del siglo veinte los encuentros se han intensificado como nunca antes en la historia de la humanidad[...] Esto se pudo haber organizado tan cuidadosamente que no es una experiencia real sino la percepción pública de ella. En primer lugar, los platillos se avistaron a lo lejos en las décadas de los cuarenta y los cincuenta. Luego los empezaron a ver cada vez más cerca. A principios de la década de los sesenta hubo muchos informes de entes y unos pocos casos de secuestro. Hoy, a mediados de los ochenta, tanto otros como yo, la mayoría sin nada en común, hemos empezado a descubrir esta presencia [secuestro por extraterrestres] en nuestras vidas.[18]

### E.T. ¿Quién eres?

Strieber nos narra en *Communion* los detalles de una velada en la cual su esposa, su hijo y un amigo vieron el mismo fenómeno al mismo tiempo. Esto parecería sugerir que estaba en juego algo más que alucinaciones en la mente de una persona. Como cristianos creemos que los demonios son los responsables. De manera interesante, Strieber también sugiere esta posibilidad. Sin embargo, afirmaba que los demonios eran parte de la siquis humana en vez de ser entes separados como lo dice la Biblia. En *Transformation* escribió:

> Todos estos seres, rubios y canosos, llenan las antiguas nociones de demonios, ángeles y «enanos». Reflexionaba que la mayor parte de mis conocimientos provenían de los seres canosos. La palabra *demonio* se deriva del griego *daimon,* que

18 W. Strieber, *Communion: A true Story,* Aron Books, Nueva York, 1987, pp. 4, 94.

aproximadamente es sinónimo de *alma*[...] Esto me llevó de regreso a algo más que había notado acerca de la experiencia del visitante. De las experiencias de personas como la señora Sharp, y de las docenas de cartas que llegaron, estaba claro que se trataba del alma. Las personas experimentaron que sus almas salían de sus cuerpos. Yo ya había tenido un incidente de separación total entre alma y cuerpo. Más de una persona había visto al visitante en el contexto de una experiencia cercana a la muerte. Este le había dicho: «Reciclamos almas».[19]

Jacques Vallee también se dio cuenta de la conexión entre el mundo de los *ovnis* y el mundo espiritual:

Algunos testigos pensaron que habían visto demonios debido a que la criatura tenía la maldad e incertidumbre asociadas con los conceptos generales del diablo. Esta es exactamente la manera en que tienes que actuar si quieres evitar la intelectualidad y la iglesia; si permaneces imperceptible para el sistema militar; si dejas tranquilos los niveles políticos y administrativos de una sociedad y al mismo tiempo siembras profundamente dudas trascendentales en esa sociedad concernientes a sus principios filosóficos básicos. Por supuesto, al mismo tiempo tal proceso *proveería su propia explicación* para hacer imposible la detección extrema. En otras palabras, habría que proyectar una imagen más allá de la creencia estructural de la sociedad en cuestión. *Habría que estorbar y tranquilizar al mismo tiempo, explotando la credulidad de los fanáticos y la intolerancia de los ridículos.* Esto es exactamente lo que el fenómeno *ovni* crea.[20]

---

19 W. Strieber, *Transformation: The Breakthrough*, Beech Tree Books, Nueva York, 1988, pp. 225-26.
20 J. Vallee, *Dimensions*, p. 178.

Por tanto aquí hay algo en ciernes. Un nuevo concepto está preparando en todo nuestro mundo el escenario para el suyo, idea esta capaz de cambiar completamente la manera en que piensa el mundo. Todo lo necesario sería un encuentro creíble y convincente. Antes de seguir adelante nos gustaría que considere las dos citas siguientes de Whitley Strieber y Jacques Vallee:

> Es un asunto social de suma importancia, debido a que tiene todo el potencial de una idea verdaderamente poderosa para entrar en la mitología inconsciente y generar allí creencias tan amplias en su esfera y tan profundas en su impacto que emergerían con sugerencias religiosas en las culturas circundantes.

> Lo único que ahora necesitamos es una visión innegable para hacer del mito *ovni* una nueva religión de influencias y fuerzas extraordinarias.[21]

> Pienso que se dan las condiciones para la aparición de una nueva fe enfocada en la creencia *ovni*. En un grado mayor que todos los fenómenos modernos que confronta la ciencia, el de los *ovnis* puede inspirar terror, sentimientos de pequeñez en el hombre y la idea de posibilidad de contacto con lo cósmico. Las religiones que han sobrevivido empezaron en resumen con las experiencias milagrosas de una persona, mas hoy hay miles para quienes la creencia en contactos extraterrestres se basa en convicciones íntimas nacidas de lo que ellos relacionan en contacto con los ovnis y sus ocupantes. El fenómeno y sus efectos obran aquí de la misma manera que lo hicieron en Fátima, Lourdes y otros lugares: como un sistema de control espiritual.[22]

---

21 *Ibid.*, citado del prefacio de W. Strieber.
22 *Ibid.*, pp. 215-16.

## CAPÍTULO 6

# POR QUÉ USTED NO DEBE ACEPTAR LA MARCA

Patti y yo nos hemos esmerado enormemente a través de este libro en recordarle que cuando hablamos del mundo en que vive estamos mirando a través de un prisma en el tiempo. Esto significa que no podemos ver todo con claridad total. Pensamos que parte de la razón es que muchos de los pasajes proféticos de la Biblia fueron escritos para ayudarnos a entender en general el plan de Dios, y que al mismo tiempo fueron escritos específicamente para usted. Verá su significado de una manera que nosotros no podríamos.

Sin embargo, del mismo modo que también hemos visto, hay algunas áreas en que el Señor da detalles mucho más específicos que en otras. Una de estas es algo que conocemos como la marca de la bestia. Por supuesto, en su mundo se conocerá de manera diferente.

Antes de continuar, pensamos que lo mejor para nosotros podría ser citar sencillamente uno de los pasajes de la Biblia que habla de esta marca. En él se habla de lo que ya se estará implementando en su mundo y estamos seguros de que lo reconocerá de inmediato:

> Y hacía que a todos, pequeños y grandes, ricos y pobres, libres y esclavos, se les pusiese una marca en la mano derecha, o en la frente; y que ninguno pudiese comprar ni vender, sino el que tuviese la

marca o el nombre de la bestia, o el número de su
nombre (Apocalipsis 13.16, 17).

Simplemente establecido, la Biblia nos dijo dos mil años
atrás que en sus días se establecerá un sistema en el cual
ningún habitante del planeta podría comprar o vender
nada, a menos que tuviera una marca en la mano derecha o
en la frente. La idea de controlar las compras y las ventas
de todo habitante del planeta era considerada una misión
imposible. En efecto, mil quinientos años después de que se
escribiera el Apocalipsis, el mundo ni siquiera sabía que
Norte, Centro y Sur América existían.

Pero ahora todos sabemos cuán diferente es en la actua-
lidad, tanto en su mundo como en el nuestro. En uno y otro
hemos vivido tiempos de tremendo crecimiento tecnológi-
co en que la comunicación a cualquier parte del globo es
casi instantánea. Ha nacido la economía global; las corpo-
raciones multinacionales controlan las economías de diver-
sos países y culturas, e inteligentes tarjetas electrónicas han
reemplazado el trueque y la mayoría de las transacciones
en efectivo. Es posible que en su época el dinero se haya
vuelto obsoleto.

El caso es este: Como a todo lo electrónico se le puede
seguir el rastro, la tecnología moderna permite un sistema
que pueda localizar las compras y las ventas que hace todo
habitante del planeta. Al mismo tiempo está ganando más
y más aceptación la idea de implantar un «microchip» en
las personas para identificarlas. Déjenos darle dos ejemplos
de las clases de escritos actuales. El primero proviene de
Martin Anderson, del Instituto Hoover, y el segundo de
Terry Galanoy, antiguo director de comunicación de la
moderna Visa Internacional:

Como puede ver, existe un sistema de identificación, creado por Hughes Aircraft Company, que
usted no puede perder. Se trata de un minúsculo
sistema de transmisión-recepción implantado. De

acuerdo a su literatura de introducción es un «método de identificación ingenioso, seguro, barato, a prueba de fraude y permanente que funciona con ondas de radio». Es sencillamente una diminuta pastilla de silicio del tamaño de un grano de arroz que se implanta bajo la piel. Está diseñada para inyectarse ya sea sola o con una vacuna.[1]

Tampoco va a servir de mucho protestar ruidosamente debido a que el bochinche que usted arme se va a reseñar en uno de sus archivos. Llegará el día en que todos seremos total y completamente dependientes de nuestra tarjeta, o de cualquier dispositivo que pueda reemplazarla, y podría quedarse desplazado si no tiene una.[2]

### Las ideas de hoy serán su realidad

Por supuesto, estas ideas son sólo sugerencias en nuestros días. Tal sistema basado en una marca en la mano derecha o en la frente no se hará realidad hasta su época, después de que el anticristo haya aparecido en el ámbito mundial. En todo caso, de acuerdo con la Biblia, esa es *su* marca.

Podríamos extendernos enormemente para hablarle de cómo la tecnología hace que todo esto sea posible. En efecto, mi hermano Paul y yo escribimos un libro para las personas que queden después del Arrebatamiento, llamado *Racing Toward the Mark of the Beast* [Carrera hacia la marca de la bestia] (Harvest House Publishers, 1994), en el que observamos todo esto con gran detalle. Patti y yo no sentimos que deberíamos repetir esa información porque pensamos que usted verá suceder todo ante sus propios ojos. No hay nada más importante de lo que tengamos que hablar. Si todo lo que está involucrado aquí fuera solo tecnología para agilizar transacciones bancarias y hacer más segura la identifi-

---

1  *Washington Times*, octubre 13 de 1993.
2  T. Galanoy, *Charge It*, Putnam Publishers, Nueva York, 1980.

cación personal, entonces Dios no se habría tomado la molestia de entrar en explicaciones sobre esta «marca». Esa es la primera clave.

## Mucho más que una decisión económica

La preocupación principal de Dios no es que el anticristo vaya a conquistar el mundo o a consolidar todos los intereses bancarios o económicos. No se trata de eso, sino de las almas. Se trata de *su* alma. Por ella es que se está librando toda la batalla. Tanto a los ojos de Dios como a los de Satanás su alma es más preciosa que todas las riquezas terrestres. Por eso es que la marca de la bestia no es cuestión de economía o tecnología. La técnica es tan solo la herramienta usada por Satanás y su anticristo para desarrollar su plan de acción. Oiga la advertencia que Dios escribió especialmente para usted:

> Si alguno adora a la bestia y a su imagen, y recibe la marca en su frente o en su mano, él también beberá del vino de la ira de Dios, que ha sido vaciado puro[...] y el humo de su tormento sube por los siglos de los siglos. Y no tienen reposo de día ni de noche los que adoran a la bestia y a su imagen, ni nadie que reciba la marca de su nombre (Apocalipsis 14.9-11).

¿Ve las consecuencias eternas de esa decisión? Aunque muy pocos en nuestro lado del Arrebatamiento parezcan entenderlo, usted puede ver de repente que no se trata en absoluto de un asunto económico. En realidad Dios no condenaría a la gente al castigo eterno porque escogieran MasterCard y no Visa, o porque tomaran cualquier decisión sin importancia. Esto es algo mucho más grande. Vamos por un momento al contexto, que estamos seguros de que será demasiado real para usted.

### Afírmese por sus principios

Notará en el pasaje anterior cómo Dios afirma que la decisión de tomar esta marca estaría íntimamente unida a la adoración del anticristo y su imagen. De esa manera parecería que la decisión de un individuo de tomar la marca será una señal o símbolo de que está de acuerdo con este gran líder mundial y con las instrucciones que dirige. El ejemplo más parecido que podemos traer a colación es el saludo nazi «heil Hitler» que se usaba en Alemania. En resumen, esta marca será una manera muy práctica, útil y estricta de asegurarse quién está de lado del anticristo y quién no. Será la promesa de lealtad a la bestia y a su nuevo orden.

Como ya comentamos, Apocalipsis 13 describe con algunos detalles el ascenso del anticristo al escenario mundial. Recordemos su plataforma, las palabras que salen de su boca:

> También se le dio boca que hablaba grandes cosas y blasfemias; y se le dio autoridad para actuar cuarenta y dos meses. Y abrió su boca en blasfemias contra Dios, para blasfemar de su nombre, de su tabernáculo, y de los que moran en el cielo. Y se le permitió hacer guerra contra los santos, y vencerlos. También se le dio autoridad sobre toda tribu, pueblo, lengua y nación (Apocalipsis 13.5-7).

¿Aceptará el mundo esta diatriba de odio? Usted conoce la respuesta ya que ha sido testigo de ella. Nosotros también la conocemos porque, aunque parezca increíble, la Biblia nos habla de esta reacción mundial:

> Y adoraron al dragón que había dado autoridad a la bestia, y adoraron a la bestia, diciendo: ¿Quién como la bestia, y quién podrá luchar contra ella? Y la adoraron todos los moradores de la tierra cuyos nombres no estaban escritos en el libro de la vida

del Cordero que fue inmolado desde el principio del mundo (Apocalipsis 13.4, 8).

¿Qué tenemos aquí? Tenemos a un líder subiendo a la plataforma mundial, cuyo mensaje principal es el odio hacia Dios, líder este que le declara abiertamente la guerra a los santos de Dios. Vemos así mismo que el mundo entero no solo está de acuerdo con él sino que también lo adoran y hasta adoran directamente a Lucifer. Esto parece increíble desde nuestro lado del Arrebatamiento, pero sabemos que causará una verdadera conmoción en el suyo. Al mismo tiempo, en medio de todo está la marca de la bestia, el símbolo de quienes acepten a este líder y a su plan.

### Enfrente la decisión

Estamos seguros de que la aceptación de esta marca de lealtad será el resultado de una sumisión espiritual consciente y personal que la persona hace a la bestia. En el pasaje anterior vimos cuán convincente será esto. Prácticamente todo el mundo sucumbirá al encanto de este gran impostor; escaparán solo quienes estén comprometidos a seguir a Dios. Aquellos cuyas mentes estén protegidas por Dios mismo serán capaces de vencer el engaño:

> Porque se levantarán falsos cristos, y falsos pro
> fetas, y harán grandes señales y prodigios, de tal
> manera que engañarán, si fuere posible, aun a los
> escogidos. Ya os lo he dicho antes (Mateo 24.24, 25).

Aquellos que escojan la marca (porque a nadie se le obligará a tomarla) no lo harán solo para poder comprar y vender. Lo harán porque han dicho en su corazón: «Creemos en este hombre. Creemos en las soluciones que ofrece. Creemos que si eliminamos las ideas obsoletas acerca de Dios y del pecado podremos tener paz y armonía mundial. ¡Creemos que él es un dios!»

Desde este punto de vista, podemos entender por qué Dios derramará tal juicio en los que reciban la marca. No es por la marca en sí, sino por la decisión espiritual que contiene.

### ¿Cómo actuará la bestia?

El número 666 es quizá en nuestro mundo el de más mala fama. Se encuentra en cualquier parte que se imagine: películas, canciones, libros, etc. Los promotores musicales lo utilizan para estremecer y desafiar. Los escritores lo usan como símbolo del mal y los productores de películas lo usan para aterrar a sus audiencias.

En cada ejemplo, todos saben que el 666 es el número del diablo. Así que la pregunta es: «¿Cómo va a lograr la bestia que todo el mundo rechace a Dios y acepte el mismo número que conoce como del maligno?» Desde nuestra posición estratégica solo podemos conjeturar. Quizás usted ya lo ha comprobado.

Creemos (y podríamos equivocarnos) que esta sería una posibilidad: El anticristo está descaradamente blasfemando contra Dios, contra su mundo y contra su tabernáculo. En la cima de su arrogancia, la bestia hace gala de supuestos milagros. Es un encantador que podría usar todo su encanto y poderes mágicos para atrapar a la gente.

El anticristo podría decirte que por mucho tiempo te han engañado con mitos religiosos y tradiciones negativas e intolerantes. Podría argumentar algo así:

En nuestro nuevo mundo de paz y armonía no podemos permitir tal clase de pensamientos supersticiosos e intolerantes. Debemos unirnos todos y demostrar el éxito de nuestro nuevo mundo. No nos debemos dejar paralizar por las supersticiones, sino que debemos enfocarnos en nuestro siguiente paso de evolución espiritual. Para demostrar que no nos asustan esos «cuentos de viejas» aceptaremos ampliamente el reto del fracasado cristianismo y haremos nuestro en el nuevo orden mundial el mismo símbolo que esos fanáticos religiosos han asociado equivocadamente con algo siniestro. ¡Tomaremos el 666 como nuestra bandera!

Sin importar cuán benigno parezca el plan, cuán lógicos sean los conceptos de armonía mundial y cuán difícil sea la vida en su mundo, por favor deténgase y piense en que en el fondo de este imperio (y la marca lo representa) lo que hay es una clara negación de Dios y la aceptación de un sistema religioso falso dentro del cual el costo será su propia alma.

Dios puede conducirle, guiarle y darle la vida eterna. Todo lo que debe hacer es aceptar con el corazón dispuesto lo que le ofrece. El camino no será fácil, pero las recompensas serán eternas. No olvide: Por muy persuasivas que parezcan las mentiras, el Señor nos advirtió que serían engañosas. Jesús le anima: «Ya os lo he dicho antes».

## CAPÍTULO 7

# ¿EN QUÉ PARTE DE LA HISTORIA SE ENCUENTRA USTED?

Hasta aquí le hemos informado acerca del momento en que está viviendo. Le hemos advertido de los falsos líderes y maestros que se propagarán; y le hemos dicho por qué esta época vendría antes del regreso de Jesús a la tierra. Sin embargo, ahora queremos explicarle exactamente dónde se encuentra en el tiempo programado por Dios y qué sigue después. De acuerdo con la Biblia, la historia del hombre (incluyendo el tiempo en que usted vive) se divide en varias etapas diferentes.

Vemos, en su sentido más general, el período desde la creación hasta Jesucristo como la era del Antiguo Testamento. La relación de Dios durante este tiempo se concentró bastante en la nación israelí. Este período finalizó con el nacimiento o primera venida de Jesús, su crucifixión, resurrección y ascensión al cielo.

La edad del Nuevo Testamento, conocida también como la era de la iglesia, empezó el día de Pentecostés cuando Dios llenó a sus discípulos con su Espíritu Santo. De allí en adelante Dios empezó a relacionarse con una nueva entidad llamada «la iglesia». Según la Biblia, la Iglesia no es un edificio o una organización; la constituye cada creyente en Jesucristo. Esto incluye a todos desde los apóstoles Pedro y Pablo, hasta Billy Graham, Patti y yo. Se incluye a todos los cristianos, ya sea que hayan muerto hace varios siglos o que estén vivos hoy.

Desde el día de Pentecostés hasta el presente, mientras le escribimos estas líneas, la humanidad ha estado en la era de la iglesia. Pero esa era terminó cuando el Arrebatamiento ocurrió. Ahora usted vive en otro período.

## Establezcamos dónde se encuentra usted en el tiempo de Dios

A diferencia de Patti y yo, que solo sabemos que estamos en algún punto cercano al final de la era de la Iglesia, usted puede establecer con exactitud dónde está en el tiempo de Dios para el planeta. Esto se debe a que vive en la época en que Dios vuelve a relacionarse principalmente con Israel (aunque Él también le guía a usted, si se lo permite). Dios ha dado durante su relación con Israel algunos lineamientos muy específicos del tiempo con los cuales se pueden calcular los acontecimientos. En nuestra era, la de la Iglesia, Dios no da tales detalles. Él nos dijo que su venida a «arrebatarnos» sería sorpresivamente y que deberíamos estar siempre preparados. Es más, lo único que sabemos es que el Arrebatamiento estaría próximo cuando todo se dispusiera para empezar a ver el cumplimiento de las profecías relacionadas con su regreso a la tierra y el final del período de siete años en que ahora usted vive. Nuestro razonamiento es sencillo: Sabemos que el momento estaría cerca cuando todo se aclarara para el regreso de Jesús a la tierra, y el Arrebatamiento ocurriría siete años antes.

Quizás el mejor momento para iniciar nuestra explicación de todo esto es regresar a la época de un profeta hebreo que ya mencionamos. Su nombre era Daniel, y vivió en Israel y Babilonia hace casi dos mil quinientos años. Estaba tan cerca de Dios que el Señor mismo le mostró el futuro con gran detalle, incluyendo cómo calcular la fecha exacta en que Jesús vendría por primera vez para presentarse como el Mesías de Israel y la fecha exacta en que regresaría por segunda vez a la tierra.

En aquel tiempo, el pueblo de Israel estaba cautivo en Babilonia. Daniel, a quien habían llevado a aquella ciudad, oraba a Dios y le preguntaba por sus planes para con Israel, el pueblo escogido. Daniel le preguntaba a Dios acerca de las semanas y meses inmediatos, pero Él quiso explicarle a su siervo amado toda la historia. Por lo tanto, le dijo lo que planeaba hacer con el pueblo de Daniel (Israel) a través de la historia.

El detalle minucioso de lo que el Señor le reveló a Daniel es absolutamente asombroso. Lo que Él ha decidido revelarle a usted hoy, por medio de la misma profecía, es aun más dramático. A través de Daniel, Dios le da (aunque no a Patti ni a mí) la capacidad de calcular la fecha del regreso de Jesús a la tierra. Mediante lo que se conoce como la profecía de las setenta semanas, usted puede también saber el día en que el gran líder que surgió en el ámbito mundial, muestre su verdadera esencia. Cremos que tendrá que estar de acuerdo con nosotros en que esa es una prueba sólida de que Dios está verdaderamente vivo y bien, aun en este tiempo de oscuridad en que usted vive.

Veamos juntos esta profecía: A Daniel se le dijo que el período de cuatrocientos noventa años (cada una de las setenta semanas equivale a siete años, de acuerdo con la referencia de los israelitas de la época, que era común y aceptada, aunque parezca algo extraña para nosotros hoy), pasaría para poner fin a los pecados de Israel y que vendría una época de justicia eterna y aceptación del Mesías (Daniel 9).

«Un momento», podría argumentar. «Si parte del año 2500 a.C., en que aproximadamente vivió Daniel, y le agrega cuatrocientos noventa años, estaría hablando casi del año 2000 a.C. Esos sucesos no se han desarrollado en ninguna época. En realidad, aún no han ocurrido ni en mis días ni en los suyos. ¿Cómo puede ser esto?»

Bueno, la respuesta está en el hecho de que los cuatrocientos noventa años se han dividido en varias partes. He aquí el pasaje completo del libro de Daniel, incluyendo el acontecimiento que marcaría la época en la que se iniciaría la cuenta:

> Setenta semanas están determinadas sobre tu pueblo[...] Sabe, pues, y entiende, que desde la salida de la orden para restaurar y edificar a Jerusalén hasta el Mesías Príncipe, habrá siete semanas, y sesenta y dos semanas; se volverá a edificar la plaza y el muro en tiempos angustiosos. Y después de las sesenta y dos semanas se quitará la vida al Mesías, mas no por sí (Daniel 9.24-26).

Lo primero que podríamos preguntar aquí es cómo contar las semanas. Notarás que en total suman sesenta y nueve semanas (7 más 60 más 2). Además, en este punto se nos manifiesta que la cuenta se inicia desde la salida de la orden para restaurar Jerusalén (recuerda que Daniel tan solo la había visto destruida y que estaba en cautiverio en Babilonia) hasta que el Mesías viniera en sesenta y nueve semanas; es decir, en cuatrocientos ochenta y tres años.

También se le reveló a Daniel que al final de los cuatrocientos ochenta y tres años «se quitaría la vida al Mesías, mas no por sí». Lo que es una perfecta descripción de la muerte de Jesús en la cruz. Ciertamente murió, pero no por Él. Murió por nosotros. Murió para que con sólo creer pudiéramos tener vida eterna.

## Los cálculos de Scotland Yard

Sir Robert Anderson, nacido en 1841 en Dublín, Irlanda, fue un conocido predicador que escribió varios libros famosos sobre temas bíblicos. Sin embargo, Anderson fue más que un predicador. En 1863 se convirtió en miembro de la Liga Irlandesa de Abogados para la que trabajaba en el distrito legal. En 1888, el mismo año en que el famoso Jack el Destripador aterrorizaba a Londres, Anderson se unió a Scotland Yard como jefe del departamento de investigación criminal.

Sus habilidades como detective de Scotland Yard ayudaron también a Anderson en el desarrollo e investigación de temas bíblicos. Calculó en su libro *The Coming Prince* [La venida del príncipe], la fecha exacta de la orden para la reconstrucción de Jerusalén, y así encontró el día exacto en que vino cuatrocientos ochenta y tres años después. El detective escribió:

> Las bendiciones prometidas a Judá y Jerusalén se pospusieron hasta después de un período descrito como de «setenta semanas»; y al final de la semana sesenta y nueve se quitaría la vida al Mesías. Estas setenta semanas representan setenta veces siete años proféticos de trescientos sesenta días [la medida de un año en el calendario judío], calculados desde la salida de una orden para reconstruir la ciudad, «la plaza y el muro», de Jerusalén.
>
> El edicto en cuestión fue el decreto emitido por el rey persa Artajerjes en el año veinte de su reinado, autorizando a Nehemías para reconstruir los muros de Jerusalén. El período del reinado de Artajerjes se puede determinar, sin lugar a dudas, no por rigurosos exámenes de comentaristas o escritores bíblicos sino por la opinión unánime de historiadores y cronógrafos seculares.[1]

La investigación de Anderson lo llevó al primero de Nisan del año 445 a.C., o marzo 14, como la fecha en la que Artajerjes firmó el edicto para restaurar la autonomía de Judá y la reconstrucción de Jerusalén.

El verdadero impacto de esto no se hace evidente hasta que contamos cuatrocientos ochenta y tres años bíblicos, o sea 173.880 días. Esto nos lleva al diez de Nisan, o abril 6, del año 32 d.C. Bien, la historia confirma que esta fecha es muy importante. Verdaderamente, el acontecimiento que se llevó a cabo en esa ocasión está en realidad registrado en el Evangelio de Lucas. En el capítulo 19, desde el versículo 37 al 42 leemos:

---

1 Sir R. Anderson, *The Coming Prince*, Kregel Publications, Grand Rapids, MI, 1984, pp. 121-22.

Cuando llegaban ya cerca de la bajada del monte de los Olivos, toda la multitud de los discípulos, gozándose, comenzó a alabar a Dios a grandes voces por todas las maravillas que habían visto, diciendo: ¡Bendito el rey que viene en nombre del Señor; paz en el cielo, y gloria en las alturas! Entonces algunos fariseos de entre la multitud le dijeron: Maestro, reprende a tus discípulos. Él, respondiendo, les dijo: Os digo que si estos callaran, las piedras clamarían. Y cuando llegó cerca de la ciudad, al verla, lloró sobre ella, diciendo: ¡Oh, si también tú conocieses, a lo menos en este tu día, lo que es para tu paz! Mas ahora está encubierto de tus ojos.

Anderson concluye:

¿Cuál fue entonces el período comprendido entre la publicación del decreto para la reconstrucción de Jerusalén y el advenimiento público del «Mesías, el Príncipe» (entre el 14 de marzo de 445 a.C. y el 6 de abril del año 32)? *El intervalo hasta el mismo día fue exactamente de 173.880 días, o siete veces sesenta y nueve años proféticos de 360 días*, las primeras sesenta y nueve semanas de la profecía de GabrielÍbid., pp. 127-28.

No obstante, sabemos que al final de este período de cuatrocientos ochenta y tres años Israel aún no había recibido su Mesías; por el contrario, lo rechazaron y lo crucificaron. Cuando esto sucedió, Dios prácticamente detuvo el tiempo de cuatrocientos noventa años que había determinado para Israel cuando todavía faltaban siete años bíblicos (2.520 días).

En ese momento Dios volvió su atención a una nueva entidad llamada la Iglesia. Como ya lo explicamos, Patti y yo somos parte de esa Iglesia establecida para todo el que haya aceptado a Jesucristo como Señor y Salvador. Algunos todavía estamos vivos en este planeta. Muchos han muerto, o como lo dice la Biblia duermen. De allí que el Señor haya sido tan específico al prometer que tanto los «dormidos» como los vivos se «reunirán» en la gran desaparición por la que nosotros esperamos y de la que usted ha sido testigo.

> Por lo cual os decimos esto en palabra del Señor: que nosotros que vivimos, que habremos quedado hasta la venida del Señor, no precederemos a los que durmieron. Porque el Señor mismo con voz de mando, con voz de arcángel, y con trompeta de Dios, descenderá del cielo; y los muertos en Cristo resucitarán primero. Luego nosotros los que vivimos, los que hayamos quedado, seremos arrebatados juntamente con ellos en las nubes para recibir al Señor en el aire, y así estaremos siempre con el Señor (1 Tesalonicenses 4.15-17).

### Usted conoce el día, ¡nosotros no!

Hay algo importante que usted debe entender. En la Palabra de Dios no se delimitó el tiempo que habría de durar esta era de la Iglesia. El tiempo de Dios se ocupa sólo de Israel. La era de la Iglesia tuvo una interrupción precisamente en esta línea del tiempo. Él no nos dijo cuánto duraría. Por lo tanto no sabemos cuándo regresará Jesús a la tierra.

Sabemos que sucederá al fin de los siete años bíblicos finales (2.520 días), pero no sabemos cuándo empezarán esos siete años. ¡Sin embargo, usted sí lo sabe porque ya comenzaron!

Si el reloj se detuvo cuando Israel rechazó a su Mesías, y Dios volvió su atención a la nueva entidad llamada Iglesia, ¿no es lógico que la cuenta arranque nuevamente en el momento exacto en que la Iglesia desaparezca? Por lo tanto, eso significa que usted sabe la fecha exacta en que Jesús regresará a la tierra para establecer su reino como se lo prometió al profeta Daniel. Todo lo que tiene que hacer es agregar siete años bíblicos (2.520 días) a la fecha del Arrebatamiento. Este será el día en que Jesús vuelva a la tierra en el momento más álgido de la batalla de Argamedón. En el próximo capítulo le mostraremos cómo esta misma profecía también hace posible entender cuándo se cumplirá otra clave del acontecimiento, haciendo que el juicio de Dios empiece a caer en la tierra. Por tanto demos una mirada a lo que viene...

## CAPÍTULO 8

# ¿QUÉ SUCEDE EN EL MEDIO ORIENTE?

En el capítulo anterior le hablamos de la profecía de Daniel acerca de las setenta semanas. Ella nos permitió mostrarle cómo calcular exactamente dónde se encuentra en el reloj del tiempo. Recordará también que según esta profecía aún habían siete años restantes en el reloj profético de Dios.

El Señor nos da otro conjunto de circunstancias que se enfocan en esos siete años. Veamos el último versículo de esta profecía:

> Y por otra semana [el anticristo] confirmará el pacto con muchos; a la mitad de la semana hará cesar el sacrificio y la ofrenda. Después con la muchedumbre de las abominaciones vendrá el desolador, hasta que venga la consumación, y lo que está determinado se derrame sobre el desolador (Daniel 9.27).

Este versículo es tan confuso que al principio probablemente no le encuentre mucho sentido. Examinemos algunas de sus partes para que pueda empezar a comprender.

Primero, notará que este pasaje nuevamente hace referencia a un período de una semana. Ya debería estar familiarizado con esta referencia. Ahora que la Iglesia ha desaparecido, entendemos que este es el período final de siete años en que Dios se enfoca de nuevo en la nación israelí. Esta es la época en que usted vive.

Sin embargo, he aquí una insinuación importante: Puesto que el anticristo ratifica este pacto precisamente por un período de siete años, parece probable que esta confirmación ocurra en el principio mismo del período de siete años de tribulación. Esto significa que es un hecho que quizás ocurra al mismo tiempo que el Arrebatamiento, que marcará el inicio de la cuenta regresiva de siete años (algunos eruditos creen que podría haber un espacio de tiempo entre el Arrebatamiento y el convenio. De ser así, el momento de la Segunda Venida se debe contar a partir de la fecha del Arrebatamiento. No obstante, la fecha de las «abominaciones del desolador» a que hacemos referencia en el capítulo siguiente se contaría a partir de la fecha del pacto).

Por eso es que, como estudiantes de la profecía bíblica en este lado del Arrebatamiento, observamos muy cuidadosamente los acontecimientos del Medio Oriente. Como ve, creemos que una parte muy importante del cumplimiento de esta profecía se enfocará alrededor de un convenio de paz entre Israel y «sus muchos» enemigos. Mientras vemos a las naciones del mundo luchando para traer una solución al dilema del Medio Oriente, sabemos que en algún momento se propondrá un pacto de siete años. Esto es emocionante debido a que mientras no hayan señales que nos den el momento del Arrebatamiento, y si estos dos hechos se dan más o menos al mismo tiempo, entonces podemos indicar cuán cerca estamos del Arrebatamiento.

Sin embargo, mucho más importante es el hecho de que el Señor aquí le ha dado una prueba mayor de su conocimiento previo porque, si tanto Patti como yo lo entendemos correctamente, ahora es usted testigo de los comienzos de ese convenio. Vive en el tiempo del que hablan los profetas y acerca del cual los estudiantes bíblicos han discutido a través de los siglos.

### Israel en el centro de este nuevo orden mundial

Queremos recordarle que toda esta profecía se relaciona con Israel, el pueblo de Daniel. Dado el hecho de que este versículo habla acerca de los rituales judíos de adoración (el sacrificio, las ofrendas y el pacto), no hay duda de que Israel es el centro de «los muchos». Pero la implicación de «los muchos» es que están involucradas muchas más naciones. En efecto, hemos especulado bastante que este convenio será algo así como una «Constitución del Nuevo Orden Mundial». Creemos que podría ser un pacto de paz global basado en la pacificación del Medio Oriente.

Tal vez nos equivocamos en cuanto a esto, pero por este y otros pasajes sabemos que el pacto contendrá al menos las siguientes disposiciones:

1. El anticristo permitirá que Israel restablezca la adoración en el templo. Esto implica que les permitirá reconstruir el templo (algo muy problemático en nuestra época ya que en el monte del templo se encuentra la Cúpula de la Roca, lugar sagrado de los musulmanes).
2. La duración del pacto será de siete años.
3. Los ejércitos del anticristo garantizarán militarmente la protección de Israel (Ezequiel 38 nos dice que Israel dejará sus armas y se volverá la tierra de las ciudades sin muros).

Al traer la paz entre Israel y sus enemigos está implícito que viene la paz entre Israel y los árabes. ¿Podría esto suceder en la realidad? Creemos que en su época la respuesta será afirmativa, al menos temporalmente. No olvide que de lo que usted es testigo no es de una tarea fácil, nunca antes había ocurrido. Ahora sabe quién se encuentra detrás. Por las advertencias bíblicas ya sabe que quienquiera que lo logre no será Cristo, como muchos lo dirán, sino el anticristo.

### Regreso al futuro

Para tratar de poner en una forma más amplia la conexión entre Israel y este nuevo orden mundial, vayamos al fin del período de siete años de tribulación cuando Jesús mismo regrese a la tierra. Hay varias razones por las que nos gustaría hacer esto. La primera es que la Biblia nos da algunos detalles sobre el regreso de Cristo y el contexto de esa venida, al mismo tiempo que se dan menos detalles del ascenso del anticristo al poder. Y como, ya lo mencionamos, el anticristo es un impostor del verdadero Cristo, si entendemos la venida de Jesús, entonces también se emitirá gran luz sobre la venida del impostor.

He aquí lo que sabemos del regreso de Jesús al final de los siete años:

1. Que viene en el fragor de la gran batalla llamada Armagedón.
2. Que rescata a Israel justo antes de que sea destrozada por los ejércitos de la tierra.
3. Que los israelitas lo reconocen como el Mesías.
4. Que trae paz a la tierra.
5. Que establece su reino de mil años de paz en la tierra.
6. Que establece su trono en Israel, el que se convierte en el centro de la tierra.

Con este bosquejo básico en mente, regresemos al surgimiento del anticristo en el comienzo de los siete años. El impostor quiere tomar el puesto de Jesús. Por lo tanto, ¿qué hace? Nos imaginamos que reemplazará el milenio con su nuevo orden mundial. ¿Dónde estará el centro de sus actividades? ¡En Israel! Pero entonces nace la pregunta: «¿Lo aceptará Israel como el Mesías?»

He aquí lo que Jesús dijo a los judíos el día que lo negaron como su Mesías:

> Yo he venido en nombre de mi Padre y no me recibís; si otro viniere en su propio nombre, a ése recibiréis (Juan 5.43).

Jesús estaba advirtiendo a los espiritualmente enceguecidos hijos de Israel que habría de venir un impostor y que lo recibirían con los brazos abiertos. Hoy podemos entender cómo sucedería. Patti y yo hemos invertido mucho tiempo en Israel y hemos visto los estragos de la guerra y del terrorismo. Hemos hablado con la gente de allí y les hemos preguntado cómo reconocerían al Mesías si llegara. Casi todos respondieron: «Él traerá paz».

Esto quebranta nuestros corazones ya que la Biblia es muy clara en que eso es lo que el anticristo usará para engañarlos. El profeta Daniel nos dice que «sin aviso destruirá a muchos» (8.25). Sin embargo, la representación del anticristo va mucho más allá. Por eso es que creemos que el «pacto» incluirá un plan de paz para el mundo entero, ya que esto es lo que Jesús traerá cuando venga. Creemos también que el momento del Arrebatamiento y este convenio podría coincidir con un ataque devastador sobre Israel, durante el cual el anticristo aparentemente la defenderá, para suplantar de nuevo la venida del verdadero Mesías. Este sujeto hasta podría señalar las Escrituras y reclamar su cumplimiento. No le crea. Él viene en su propio nombre.

> ¿Quién es el mentiroso, sino el que niega que Jesús es el Cristo? Este es anticristo, el que niega al Padre y al Hijo (1 Juan 2.22).

## La preparación para la paz

La necesidad de paz sería una de las obvias condiciones previas para que Israel firme tal pacto. Ningún ser viviente de nuestro mundo actual, y con mayor razón del suyo, podría negar que este ha sido el deseo de Israel. Desde que Israel se convirtió en nación el 14 de mayo de 1948 ha estado rodeada por un vecindario de enemigos árabes que la quieren lanzar al mar. En efecto, desde el mismísimo día en que se convirtió en nación ha sido atacada por varias naciones árabes vecinas.

Desde entonces ha estado en un constante estado de guerra prácticamente todas ellas. Al momento de escribir este libro sólo dos naciones árabes, Egipto y Jordania, han formalizado la paz con Israel. Los palestinos tentativamente han llegado a la paz.

En 1979, el presidente egipcio Anwar El Sadat firmó un tratado de paz en Camp David con el primer ministro Menajem Begin. Sadat fue asesinado poco tiempo después. Desde esa época hasta 1993, Israel permaneció en guerra con la mayoría de las otras naciones árabes. Luego, el 13 de septiembre de ese año, Israel firmó una declaración de principios con la OLP, conocida en el pasado como la terrorista Organización de la Liberación Palestina. En reuniones secretas celebradas en Oslo, Noruega, la OLP y el ministro del exterior israelí, Simon Peres llegaron a un acuerdo de trabajar en un plan progresivo para el autogobierno palestino. El acuerdo final para un planeamiento gradual se realizó en el Cairo, Egipto, el 4 de mayo de 1994.

En este acuerdo el gobierno reconoció a la OLP como la vocera del pueblo palestino. También les dio a los palestinos una limitada forma de autogobierno en Gaza y Jericó en posiciones administrativas como la educación, asistencia social y fuerza policial. Este llegaría a ser el paso inicial en la esperanza de llegar a la paz con los palestinos, y quizás de tener autonomía sobre su propio territorio. No fue un tratado de paz sino un paso hacia la paz.

Más tarde, el 25 de julio de 1994, Israel llegó también a un acuerdo con Jordania. El primer ministro israelí Yitzhak Rabín y el rey Hussein de Jordania estrecharon públicamente sus manos por primera vez en los jardines de la Casa Blanca y conjuntamente firmaron la declaración de Washington con el presidente de los Estados Unidos, Bill Clinton, como testigo del acontecimiento. El 26 de octubre de 1994 se firmó un tratado de paz completo y oficial entre las dos naciones.

En el texto de la declaración firmada en julio de 1994, leemos:

Después de generaciones de hostilidad, sangre y lágrimas, y en la estela de años de dolor y guerras, su majestad el rey Hussein y el primer ministro Yitzhak Rabín están decididos a poner fin al derramamiento de sangre y dolor. Jordania e Israel se proponen el logro de una paz justa, eterna y comprensible entre los dos pueblos, y en la conclusión del tratado de paz entre las dos naciones[...]

Al seguir la declaración y mantener la agenda de común acuerdo, ambos países se abstienen de acciones o actividades de lado y lado que pudieran afectar negativamente la seguridad del otro o que pudiera perjudicar el resultado final de las negociaciones. Ninguna parte amenazará a la otra por el uso de la fuerza, las armas o cualquier otro medio, y ambos lados frustrarán las amenazas para la seguridad que resulten de cualquier clase de terrorismo.[1]

Ninguna de estas declaraciones o tratados fue el pacto del anticristo que marca el comienzo del período de tribulación. En vez de eso fueron el principio del proceso final. Desafortunadamente Patti y yo creemos que esos esfuerzos conducirán a la guerra y no a la paz en el Medio Oriente. Ya los extremistas se están levantando e intentan desbaratar el proceso. Pero hay una razón más importante para nuestras dudas en relación con la paz en el Medio Oriente: La Biblia señala en Isaías 19 que la paz verdadera no llegará a esta región hasta que Jesús regrese. Más aún, la Biblia señala que una falsa paz se vivirá bajo el mesías impostor. Si el hombre pudiera solucionar sus propios problemas no necesitaría un Hacedor de milagros para que lo hiciera, ¿verdad? Por tanto, especulamos que la falsa paz se levantará de las cenizas del fracaso diplomático y de la guerra.

---

1   Tomado de la declaración de Washington del 25 de julio de 1994.

## La repartición de la tierra

Queremos señalar algo mucho más importante en esta situación. Sabemos que durante su reinado en el período de la tribulación el anticristo «por precio repartirá la tierra» (Daniel 11.39). En la Biblia «la tierra» se refiere siempre a Israel.

Curiosamente, la «paz para la tierra» suscrita entre Israel y sus vecinos árabes es demasiado grande para nuestro tiempo en la historia. En su declaración con la OLP, Israel les dio a los palestinos un autogobierno limitado en Gaza y Jericó, con la intención de llegar a una autonomía total tanto en estas como en otras áreas de Cisjordania.

También se llevan a cabo negociaciones con Siria, las que al momento de escribir este libro se encuentran paralizadas. El presidente sirio Hafez Assad (llamado por un periódico israelí como el Frank Sinatra del Oriente Medio debido a que quiere seguir sus pasos) no va a ceder un ápice a menos que Israel reconozca todas sus demandas. De manera curiosa, esas demandas se centran en que Israel debe renunciar a sus tierras por el bien de la paz. Siria dice que no hay discusión de paz mientras Israel no se comprometa a retirarse completamente de las colinas del Golán y del sur del Líbano.

En esencia, lo que pretenden los palestinos y los sirios es que Israel vuelva a sus fronteras de 1967. Durante la Guerra de los Seis Días que se efectuó entre el 5 y el 10 de junio de 1967, Israel venció a las fuerzas unidas de Egipto, Siria, Irak y Jordania. En esta victoria Israel tomó el control del Sinaí (en su tratado de paz con Egipto, Israel se comprometió a devolver el Sinaí, y lo cumplió), Gaza, Judea y Samaria, las colinas del Golán y el este de Jerusalén.

Sin embargo, pensar que Israel vuelva a sus fronteras originales de 1967 parece imposible hoy. Las tierras que invadió durante la Guerra de los Seis Días se han convertido en bastiones importantes para la defensa. En su discurso del Yom Kippur (día del Perdón), en 1973, el político Benjamín Netanyahu hizo notar:

Tanto en la frontera egipcia como en la siria, los árabes han logrado penetrar hasta treinta kilómetros antes de que las fuerzas israelitas los hubieran detectado. Israel no existiría si la guerra hubiera empezado en las fronteras de antes de 1967 y los árabes hubieran avanzado la misma distancia.[2]

Mientras Israel se niegue por obvias razones a abandonar lo estratégicamente necesario para su existencia, el anticristo puede convencerla de que estará segura aunque renuncie a esas importantes posesiones. La Biblia dice que Israel se convertirá en un «pueblo sin muros, cerrojos ni puertas» (Ezequiel 38.11). En nuestra manera de pensar, la actual nación israelita tendrá que creer que este líder es el Mesías antes de llegar a tal acuerdo. Para nosotros parece increíble. ¡Para usted probablemente es la historia!

2   B. Netanyahu, *A Place Among Nations* [Un lugar entre las naciones], Bantam Books, Nueva York, 1993, p. 259.

## CAPÍTULO 9

# ¿QUÉ DEPARA EL FUTURO?

Cuando Patti y yo sentimos que Dios nos dirigía a escribirle este mensaje, luchamos con el interrogante de qué incluir. Lo primero que quise hacer fue escribir minuciosamente cada detalle del período de la tribulación basado en la gran cantidad de datos que nos dan las Escrituras. Sin embargo, Patti sugirió sabiamente que yo podría exagerar un poco. Señaló con sabiduría que el problema es que mientras tales comentarios se podrían usar hoy para discusiones entre teólogos, presentan un sencillo problema. Y es que estamos mirando a través de ese prisma en el tiempo, tratando de entender acontecimientos que la mente humana no puede comprender.

Observar el cumplimiento de la profecía en nuestra época nos ha mostrado algo. Aunque se han cumplido ante nuestros ojos profecía tras profecía, no todas han sucedido de la manera exacta como pensamos que serían. Nos damos cuenta de cuán cuidadosos debemos ser cuando escribimos a alguien como usted que vive actualmente en medio de nuestras discusiones teológicas. Con un mejor enfoque decidimos darle claves suficientes para mostrarle que el momento en que vive estaba profetizado. Queremos advertirle acerca de los engaños que vendrán en su época y lo que puede hacer para asegurar su salvación eterna. Y para los detalles decidimos hacerle ir a las Escrituras.

Sin embargo, esto trae otro problema. No tenemos idea de cuán accesibles serán estas Escrituras en sus días. Por el efecto de la dirección inicial que el anticristo dará al mundo, tememos que las Biblias podrían arder; como probablemente no. Quizás diga: «En realidad sólo hemos malinterpretado lo que la Biblia quiere decir».

Solo para estar seguros, Patti y yo decidimos incluir la mejor descripción de su época que hace el libro. Por eso, en el apéndice encontrará el Apocalipsis, el último libro de la Biblia. También tendrá un capítulo de Mateo y Daniel, y tres de Ezequiel. Estos le darán grandes detalles de los acontecimientos de su mundo. Pero si puede, trate de encontrar una Biblia completa. En ella encontrará «toda la verdad».

### Sobresalen los puntos principales

Sabiendo lo anterior, existen pocos acontecimientos y cronologías clave que le darán un esquema de lo que depara el futuro.

Como ya lo discutimos, el período de siete años de tribulación se inicia con el Arrebatamiento de la Iglesia. Creemos también que más o menos al mismo tiempo se celebrará un tratado de siete años en que se involucra Israel, y probablemente el mundo entero. Recordará que el «pacto» establece un período exacto de siete años:

> Y por otra semana [el anticristo] confirmará el pacto con muchos; a la mitad de la semana hará cesar el sacrificio y la ofrenda. Después con la muchedumbre de las abominaciones vendrá el desolador (Daniel 9.27).

Se vislumbra otro suceso importante del que debe cuidarse. Sabemos específicamente que el anticristo hará cesar el sacrificio en medio de su pacto con Israel. Puede saber que esto ocurrirá 1.260 días después de la firma de este tratado.

Sin embargo, la Biblia señala que el anticristo hará en realidad más que eso. Profanará el templo judío. La pregunta obvia que nos hacemos es: «¿Qué abominaciones sacrílegas cometerá?» El apóstol Pablo nos dice en 2 Tesalonicenses 2.4 lo que hará el hijo de perdición (v. 3):

> El cual se opone y se levanta contra todo lo que se llama Dios o es objeto de culto; tanto que se sienta en el templo de Dios como Dios, haciéndose pasar por Dios.

Así que esta es la abominación. El anticristo entrará al templo, probablemente al área más sagrada que es el sanctasantórum, y se hará pasar por Dios mismo.

Sabemos que al anticristo se le adora desde el mismísimo comienzo del período de siete años, pero aparentemente se agrega una nueva dimensión en este punto: Quizás este sea el momento en que se declare ser el único Dios verdadero, o específicamente, ser el Dios de la Biblia. Cualquiera que sea el caso, sabemos que este acto final de suplantación desencadena la cólera divina, y que se inicia un período de ira que durará hasta la batalla de Argamedón. Jesús mismo nos advierte muy claramente acerca de ese día.

> Por tanto, cuando veáis en el lugar santo la abominación desoladora de que habló el profeta Daniel (el que lee, entienda), entonces los que estén en Judea, huyan a los montes. El que esté en la azotea, no descienda para tomar algo de su casa; y el que esté en el campo, no vuelva atrás para tomar su capa. Mas ¡ay de las que estén encinta, y de las que críen en aquellos días! Orad, pues, que vuestra huida no sea en invierno ni en día de reposo; porque habrá entonces gran tribulación, cual no la ha habido desde el principio del mundo hasta ahora, ni la habrá. Y si aquellos días no fuesen acortados, nadie sería salvo; mas por causa de los

escogidos, aquellos días serán acortados (Mateo 24.15-22).

Hasta aquí nos hemos referido al período de tribulación de siete años. Pero a medida que escudriñe el Apocalipsis verá que en realidad se divide en dos períodos de tres años y medio cada uno. La primera mitad será un tiempo de relativa calma y unidad mundial. Sin embargo, esta abominación desoladora marca el punto de cambio. De este momento en adelante Dios empieza a derramar sus juicios sobre la bestia y los que están de su lado. Este tiempo de gran tribulación continuará exactamente hasta la segunda venida de Jesús en Argamedón. Apocalipsis contiene gran cantidad de detalles relacionados con este momento.

## La frustrada invasión de Israel

Aunque sabemos de manera concluyente que la abominación desoladora se efectuará a mediados del período de tribulación de siete años, creemos que otro acontecimiento pasará al mismo tiempo, pero no podemos estar seguros del momento exacto.

Estamos hablando de una invasión de Israel por una confederación de naciones predominantemente musulmanas al mando de Rusia. El profeta Ezequiel la explica con lujo de detalles (lea los pasajes que se incluyen en el apéndice). Como ya lo dijimos, el momento de la invasión es incierto en relación con los otros acontecimientos del período de tribulación. Los eruditos de este lado del Arrebatamiento tienen grandes diferencias de opinión relacionadas con este tema.

No obstante y sabiendo eso, creemos que esa invasión se hará a mediados del período de tribulación y se relacionará directamente con la abominación desoladora. Pensamos que el escenario podría ser algo así como:

Los rusos, empezando a sentir que este «mesías» no es en realidad quien dice ser, se molestan por el hecho de que como buenos marxistas leninistas hayan caído en la trampa de este impostor y de su compañero religioso. Se disponen entonces a mostrar al mundo que este nuevo orden no necesita ninguna de esas tontas trampas religiosas. «Concebirán un pensamiento maligno» e iniciarán una gran invasión contra el corazón del nuevo orden: los hijos de Israel. El ataque será completamente sorpresivo. Israel se dará cuenta demasiado tarde que ha puesto su fe en un falso mesías. Pero, ¡ay!, no tiene armas para defenderse. Cuando los rusos y sus hordas alcanzan las montañas de Israel se encuentran con un defensor inesperado de los hijos de Abraham, Isaac y Jacob:

> En aquel tiempo, cuando venga Gog contra la tierra de Israel, dijo Jehová el Señor, subirá mi ira y mi enojo. Porque he hablado en mi celo, y en el fuego de mi ira: Que en aquel tiempo habrá gran temblor sobre la tierra de Israel[...] Y en mis montes llamaré contra él la espada, dice Jehová el Señor; la espada de cada cual será contra su hermano[...] Y te quebrantaré, y te conduciré y te haré subir de las partes del norte, y te traeré sobre los montes de Israel (Ezequiel 38.18, 19, 21; 39.2).

Como ya lo hemos visto, el profeta Ezequiel aclara que cuando Dios mismo destruya la confederación encabezada por Rusia en los montes de Israel, el mundo entero, al igual judíos que gentiles, reconocerá que el Dios de Israel ha hecho esto. Enfurecido por la adoración de Israel hacia el verdadero Dios, el anticristo penetra a toda prisa en el reconstruido templo y declara que él es Dios. Los hijos de Israel lo rechazan por completo, y por tanto él determina acabar con ellos. Sin embargo, de alguna manera la tierra ayuda a los hijos de Israel (Apocalipsis 12.16) y los protege de la ira del anticristo. Sabemos que este individuo entra en el templo a declarar que es el mismo Dios a mediados del período de tribulación de siete años (Daniel 9.27). Uniendo esto al hecho de que las Escrituras nos dicen que Israel será protegida del anticristo exactamente durante tres años y medio (Apocalipsis 12.6) tenemos una buena señal de que esto sucederá a mediados del período de tribulación. El simulacro del falso milenio finalizará rápidamente. Ahora empieza el juicio de Dios a caer sobre el mundo. El anticristo cambia sus energías de engaño religioso a poder militar, y él y sus reyes destruyen a la «ramera». En un mundo que se ha vuelto loco debido a las plagas, al juicio y al caos, los hombres serán cada vez más rebeldes:

> Y los otros hombres que no fueron muertos con estas plagas, ni aun así se arrepintieron de las obras de sus manos, ni dejaron de adorar a los demonios, y a las imágenes de oro, de plata, de bronce, de piedra y de madera, las cuales no pueden ver, ni oír, ni andar; y no se arrepintieron de sus homicidios, ni de sus hechicerías, ni de su fornicación, ni de sus hurtos[...] Y los hombres se quemaron con el gran calor, y blasfemaron el nombre de Dios, que tiene poder sobre estas plagas, y no se arrepintieron para darle gloria[...] y blasfemaron contra el Dios del cielo por sus dolores y por sus úlceras, y no se arrepintieron de sus obras (Apocalipsis 9.20, 21; 16.9, 11).

Finalmente todos se unirán para completar el trabajo en que los rusos y sus aliados fallaron. ¡En ese momento, en vez de encontrarse con el Dios Padre, se encuentran con el Dios Hijo!

### El intento final del holocausto

El período de tribulación termina con la reunión de todas las naciones del mundo para tratar de lanzar a Israel al mar. Lo que Satanás ha intentado lograr a través de los años de persecución, de un holocausto, de guerras y finalmente de la gran invasión del norte, lo intentará nuevamente con sus secuaces: el anticristo, el falso profeta y todos los ejércitos de la tierra.

Pero nuestro Dios es un Dios de fe. Él nunca olvida sus promesas. De la misma manera que Dios el Padre rescató a Israel en el momento de la invasión dirigida por Rusia, Dios el Hijo rescatará a Israel en el fragor de este ataque. Verdaderamente, en ese día retumbarán las palabras de Jesús, e Israel estará en realidad feliz de verlo:

> ¡Jerusalén, Jerusalén, que matas a los profetas, y apedreas a los que te son enviados! ¡Cuántas veces quise juntar a tus hijos, como la gallina junta sus polluelos debajo de las alas, y no quisiste! He aquí vuestra casa os es dejada desierta. Porque os digo que desde ahora no me veréis, hasta que digáis: Bendito el que viene en el nombre del Señor (Mateo 23.37-39).

Dios convierte en bondad el mal que Satanás planifica. Recuerde que el término de este período de tribulación en el que vive lo marca el final de los 490 años que Dios había prometido a Israel. Recordemos lo que Dios predijo que se cumpliría en ese entonces:

> Setenta semanas [490 años] están determinadas sobre tu pueblo y sobre tu santa ciudad, para terminar la prevaricación, y poner fin al pecado, y expiar la iniquidad, para traer la justicia perdurable, y sellar la visión y la profecía, y ungir al Santo de los santos (Daniel 9.24).

Según el profeta Zacarías, escribiendo bajo la inspiración de Dios hace más de dos mil años, el cumplimiento de esta profecía no está más lejano de siete años si lees esto exactamente después del Arrebatamiento. Cuando las naciones de la tierra se unen para librar la batalla contra Israel y tratar de finalizar lo que los rusos y sus aliados empezaron, se encuentran con un inesperado oponente, y los planes humanos culminan abruptamente:

Después saldrá Jehová y peleará con aquellas naciones, como peleó en el día de la batalla. Y se afirmarán sus pies en aquel día sobre el monte de los Olivos, que está en frente de Jerusalén al oriente; y el monte de los Olivos se partirá por en medio, hacia el oriente y hacia el occidente, haciendo un valle muy grande; y la mitad del monte se apartará hacia el norte, y la otra mitad hacia el sur[...] Y Jehová será el rey sobre toda la tierra[...] Y en aquel día yo procuraré destruir a todas las naciones que vinieren contra Jerusalén. Y derramaré sobre la casa de David, y sobre los moradores de Jerusalén, espíritu de gracia y de oración; y mirarán a mí, a quien traspasaron, y llorarán como se llora por hijo unigénito, afligiéndose por él como quien se aflige por el primogénito (Zacarías 14.3, 4 ,9; 12.9, 10).

Hace dos mil años la nación israelita rechazó a Jesús cuando descendió del monte de los Olivos. Ahora lo reciben cuando de nuevo sube al mismo monte. Lejos de ser el sufrido Mesías que vino para portar los pecados del mundo, viene ahora en poder y gloria para establecer su reino eterno, los primeros mil años de los cuales serán aquí en la tierra. Los profetas nos dijeron que todo esto no sucedería hasta la batalla de Argamedón a fines de la cuenta regresiva de siete años. Este tiempo de juicio, pecado y transgresión finaliza cuando se establece el nuevo reino. Sólo se permitirá entrar a quienes cuya fe se encuentra en Cristo. Finalmente se cumplirá todo el propósito de los 490 años. Israel reconocerá a su Mesías. El pecado ya no existirá y la justicia eterna empezará.

### Usted puede participar de este reino

Sin embargo, las promesas del reino no son sólo para Israel; son para usted también, si cree. Ya sea que por la gracia de Dios su cuerpo terrenal sobreviva o no hasta la Segunda Venida, usted puede ser parte del reino si acepta a Jesús como su Salvador. La Biblia nos dice que durante la tribulación muchos pagarán con sus vidas terrenales por su fe en Cristo. Mas Dios estará con usted en cada paso que dé. Si le es fiel, participará de uno de los momentos más emocionantes de la historia al final de este período de siete años:

> En aquel tiempo se levantará Miguel[...] pero en aquel tiempo será libertado tu pueblo, todos los que se hallen escritos en el libro. Y muchos de los que duermen en el polvo de la tierra serán despertados, unos para vida eterna, y otros para vergüenza y confusión perpetua. Los entendidos resplandecerán como el resplandor del firmamento; y los que enseñan la justicia a la multitud, como las estrellas a perpetua eternidad (Daniel 12.1-3).

> Y vi tronos, y se sentaron sobre ellos los que recibieron facultad de juzgar; y vi las almas de los decapitados por causa del testimonio de Jesús y por la palabra de Dios, los que no habían adorado a la bestia ni a su imagen, y que no recibieron la marca en sus frentes ni en sus manos; y vivieron y reinaron con Cristo mil años (Apocalipsis 20.4).

Existe también la posibilidad de que nunca conozca la muerte, de que permanezca aquí en la tierra para entrar directamente al milenio y unirse a quienes dieron sus vidas por la fe. Si este es su caso, verá con sus propios ojos el regreso triunfante de Jesús:

> Entonces vi el cielo abierto; y he aquí un caballo blanco, y el que lo montaba se llamaba Fiel y Verdadero, y con justicia juzga y pelea. Sus ojos eran como llama de fuego, y había en su cabeza muchas diademas; y tenía un nombre escrito que ninguno conocía sino Él mismo. Estaba vestido de una ropa teñida en sangre; y su nombre es: EL

VERBO DE DIOS. Y los ejércitos celestiales, vestidos de lino finísimo, blanco y limpio, le seguían en caballos blancos. De su boca sale una espada aguda, para herir con ella a las naciones, y Él las regirá con vara de hierro; y Él pisa el lagar del vino del furor y de la ira del Dios Todopoderoso.

Y en su vestidura y en su muslo tiene escrito este nombre: REY DE REYES Y SEÑOR DE SEÑORES (Apocalipsis 19.11-16).

## CAPÍTULO 10

# ¿CÓMO PUEDO SALVARME?

Si no ha tomado la marca de lealtad, aún *hay* esperanza para usted. Aunque no se haya ido en el Arrebatamiento, tampoco es demasiado tarde para que se convierta en creyente de Jesucristo. No es demasiado tarde para que le pida que sea su Salvador, a fin de que pueda pasar la eternidad con Él. No olvide que estamos hablando de una decisión de consecuencias eternas. El período de siete años en que ahora vive es una partícula del tiempo que se extinguirá rápidamente. Aunque ese período es el más engañoso y maligno de cualquier otro en la historia, la Palabra de Dios nos dice que a pesar de todo aún es posible que usted se salve.

En Apocalipsis 7 se mencionan dos grupos distintos de «santos». En la primera parte del capítulo verá un grupo de 144.000 santos que representan un remanente piadoso de la nación israelita. Hay 12.000 de cada una de las doce tribus de Israel (Apocalipsis 7.4-8). Quizás ya está oyendo acerca del fenómeno de esos 144.000. ¡Algunos estudiantes de la profecía bíblica en este lado del Arrebatamiento especulan que serían algo así como 144.000 Billy Grahams presentándose alrededor del mundo! Estos 144.000 son marcados con un sello. En Apocalipsis 7.1-3 leemos:

> Después de esto vi a cuatro ángeles en pie sobre
> los cuatro ángulos de la tierra, que detenían los
> cuatro vientos de la tierra, para que no soplase

viento alguno sobre la tierra, ni sobre el mar, ni sobre ningún árbol. Vi también a otro ángel que subía de donde sale el sol, y tenía el sello del Dios vivo; y clamó a gran voz a los cuatro ángeles, a quienes se les había dado el poder de hacer daño a la tierra y al mar, diciendo: No hagáis daño a la tierra, ni al mar, ni a los árboles, hasta que hayamos sellado en sus frentes a los siervos de nuestro Dios.

Así como el anticristo tiene una marca para designar a los suyos durante la tribulación, Dios también tiene un sello para marcar a los suyos. Los ángeles no juzgarán la tierra hasta que los hijos de Dios hayan recibido este sello, para protegerlos de lo que va a venir sobre la tierra.

Como dijimos anteriormente, hay otro grupo de santos en Apocalipsis 7. Estos son santos gentiles venidos de otras naciones del mundo. En los versículos 9 y 10 leemos la visión de Juan:

Después de esto miré, y he aquí una gran multitud, la cual nadie podía contar, de todas naciones y tribus y pueblos y lenguas, que estaban delante del trono y en la presencia del Cordero, vestidos de ropas blancas, y con palmas en las manos; y clamaban a gran voz, diciendo: La salvación pertenece a nuestro Dios que está sentado en el trono, y al Cordero.

El hecho es que según los versículos 13 y 14, estos santos salen de la tribulación:

Entonces uno de los ancianos habló, diciéndome: Estos que están vestidos de ropas blancas, ¿quiénes son, y de dónde han venido? Yo le dije: Señor, tú lo sabes. Y él me dijo: Estos son los que han salido de la gran tribulación, y han lavado sus ropas, y las han emblanquecido en la sangre del Cordero.

Apocalipsis 6.9-11 se refiere a las ropas blancas que identifican a estos santos de la tribulación como mártires:

> Cuando abrió el quinto sello, vi bajo el altar las almas de los que habían sido muertos por causa de la palabra de Dios y por el testimonio que tenían. Y clamaban a gran voz, diciendo: ¿Hasta cuándo Señor, santo y verdadero, no juzgas y vengas nuestra sangre en los que moran en la tierra? Y se les dieron vestiduras blancas, y se les dijo que descansasen todavía un poco de tiempo, hasta que se completara el número de sus consiervos y sus hermanos, que también habían de ser muertos como ellos.

Por lo tanto, estos son santos que salieron de la tribulación y que murieron por su fe en Jesucristo, porque rehusaron inclinarse ante el anticristo y adorarlo.

Si va a pasar la eternidad con Jesucristo es necesario que crea en Él. Tal vez tendrá que sufrir horriblemente por su fe en Él. Quizás hasta le podría costar la vida como a los santos mártires de Apocalipsis 6 y 7. También es posible que sobreviva en su cuerpo actual hasta la venida del Señor.

Cuando nos sentamos aquí a escribirle estas líneas, nos sentimos demasiado incapacitados. Sabemos que ya lo dijimos, pero mentiríamos si le dijéramos que ahora mismo tenemos una comprensión total de lo que usted está pasando. De ninguna manera podríamos imaginar que nuestro mundo es exacto al suyo ni cuán horribles cosas podría usted estar viviendo, pero conocemos al Dios que lo sabe. Ya hemos recibido a Jesús y sabemos que por muy grande que sean sus sufrimientos, Él es más grande que ellos. El apóstol Pablo escribió:

> Porque yo sé a quién he creído, y estoy seguro que es poderoso para guardar mi depósito para aquel día (2 Timoteo 1.12).

Sabemos que Dios es como una protección que le cubrirá. Él le puede dar la fortaleza necesaria para seguir adelante. Pero para recibir esta bendición tiene que aceptar a Jesucristo. Tiene que tomar ahora mismo la decisión de entregarle su corazón y posiblemente de darle su propia vida. Mas el dolor y el sufrimiento serán muy poco en relación con la eternidad.

La alternativa no es de ningún modo agradable. Quizás va a posponer ciertos sufrimientos, tribulaciones y preocupaciones, pero va a ser peor porque todo eso vendrá luego por toda la eternidad. Mateo 13.42 dice que Dios echará a los incrédulos «en el horno de fuego; allí será el lloro y el crujir de dientes». Apocalipsis 20.15 dice que el que no se halle inscrito en el «libro de la vida» será lanzado al «lago de fuego» junto con el diablo, la bestia y el falso profeta donde «serán atormentados día y noche por los siglos de los siglos» (Apocalipsis 20.10).

Confíe en Dios para superar esta tribulación, aun cuando se convierta en un santo mártir. De esta manera podrá entonar cánticos de alabanza a Dios por su salvación. En Apocalipsis 7.16,17 Dios promete a todos los santos de la tribulación:

> Ya no tendrán hambre ni sed, y el sol no caerá más sobre ellos, ni calor alguno; porque el Cordero que está en medio del trono los pastoreará, y los guiará a fuentes de aguas de vida; y Dios enjugará toda lágrima de los ojos de ellos.

### ¿Cómo puedo salvarme?

Ahora que sabe que no es demasiado tarde para la salvación podría preguntarse *cómo* lograrla. Juan 3.16 es un pasaje muy conocido:

> Porque de tal manera amó Dios al mundo, que ha dado a su Hijo unigénito, para que todo aquel que en Él cree, no se pierda, mas tenga vida eterna.

¡Qué regalo más fantástico! Nadie tiene que hacer nada para merecerlo. Todo lo que tiene que hacer es creer en Dios en medio de cualquier sufrimiento que esté experimentando. Romanos 10.9 dice:

> Que si confesares con tu boca que Jesús es el Señor, y creyeres en tu corazón que Dios le levantó de los muertos, serás salvo.

1 Juan 1.9 dice:

> Si confesamos nuestros pecados, Él es fiel y justo para perdonar nuestros pecados, y limpiarnos de toda maldad.

Así es como funciona el poder de la salvación: confesando tanto nuestros pecados como al Señor Jesús. Solo tiene que tomar una decisión por Jesucristo y Dios hará el resto, aun en medio de los problemas.

Si desea pasar la eternidad con Jesucristo, tome ahora un poco de tiempo para orar de la siguiente manera. Esta oración establecerá su destino eterno y su lugar en el cielo. Pero antes déjenos agregar algo: Esto no es un hechizo mágico o encantamiento que le introducirá en el cielo. El asunto no es decir las palabras adecuadas. Lo que cuenta es que diga estas palabras (u otras parecidas) mientras cree con todo su corazón y pide con todas sus fuerzas. A Dios no se le engaña con palabrerías o apariencias. Él conoce el corazón de cada individuo. Cuando ore sinceramente, pidiendo perdón por sus pecados y pidiendo que Jesucristo sea su Salvador, entonces Dios escuchará y atenderá su petición. Si este es su deseo sincero, ore:

> Querido Padre celestial, reconozco que soy un pecador y que merezco el fuego del infierno. Confieso en este momento mis pecados y te pido perdón por rebelarme ante ti y por negarme a aceptar

el amor de Cristo. Acepto el sacrificio que tu Hijo Jesús hizo por mí en la cruz del Calvario. Creo que tú lo levantaste de los muertos. Confieso con mi boca que Jesús es mi Señor. Gracias por escuchar esta oración y aceptarme en el seno de tu familia, y porque ahora la sangre de Jesús limpia mis pecados. Sé que desde este momento soy salvo. Gracias, Señor.

Es así de sencillo. No es necesario algo más para obtener la salvación. Todo lo que tiene que hacer es orar con el corazón dispuesto. Antes de que se efectuara el Arrebatamiento le hubiéramos sugerido que empezara a estudiar la Biblia para que conociera al Dios de la salvación y a Cristo Jesús. Le hubiéramos sugerido que se uniera a una iglesia que siga las enseñanzas de la Biblia. Le hubiéramos sugerido que se reuniera con otros cristianos para poder orar unos por otros y animarse entre sí. Pero estamos seguros que esto no es fácil (aunque sea posible) durante el tiempo en el que vive.

No podemos percatarnos de lo que está viviendo, pero sabemos que Dios sí puede. Él es capaz de abrir una puerta donde no la hay. Él puede hacer un camino en el desierto. Él puede hacer brotar ríos donde no hay agua. Él puede dirigirle, guiarle y llevarle de la mano en cada paso de su vida. Cualquiera que sea su destino en la tierra, siga a Cristo. ¡Queremos estar con usted en la eternidad!

## CAPÍTULO 11

# SI LEO ESTE LIBRO ANTES DEL ARREBATAMIENTO, ¿PUEDO ESPERAR SER SALVO?

Cuando escribimos este libro, sabíamos que algunos de ustedes lo leerían antes del Arrebatamiento. Sabíamos que algunos lectores serían cristianos deseosos de saber que nuestro Señor vendría pronto. Pero también sabíamos que otros no serían cristianos. Quisimos agregar este capítulo por si está leyendo este libro antes del Arrebatamiento y aún no se ha decidido por Jesucristo.

Podría estar pensando que en realidad no está muy seguro de creer lo que decimos. Tal vez no esté muy convencido de la existencia de Dios. O es posible que ahora se esté divirtiendo tanto que si se volviera cristiano llegaría a ser aburrido.

Quizás se encuentre pensando que una vez ocurra el Arrebatamiento y empiece a ver que los acontecimientos se suceden tal y como se lo dijimos, entonces estará seguro y sólo allí se decidirá. Probablemente piense que si es testigo de que las cosas se van a desarrollar como le dijimos, va a tomar más en serio a Jesús y a convertirse en cristiano.

Eso nos preocupó mucho al escribir este libro. Antes que nada esperamos que algo de lo que le hemos explicado acerca del anticristo y del período de tribulación será suficiente para que se convenza de no querer estar allí.

La tribulación no va a ser divertida. Si usted es de los que no se convierten al evangelio por no perder la diversión, todos sus buenos momentos desaparecerán cuando venga la tribulación. Esta es la peor de todas las eras en la historia. Será un período de gran sufrimiento para toda la humanidad, no sólo para quienes decidan aceptar a Jesucristo como su Señor y se nieguen a adorar al anticristo.

Apocalipsis 16 dice que los que acepten la marca de la bestia sufrirán úlceras malignas y pestilentes. El mar se convertirá en sangre y morirá todo ser vivo en él. Los ríos se convertirán en sangre. Los hombres sufrirán quemaduras y enormes plagas. Lo que se inicia como un período de paz y promesa se convertirá de repente en tiempos de guerra y juicio mientras Dios le permite al hombre hacer lo que le plazca.

Oramos de corazón para que usted pueda vislumbrar la seriedad de todo esto y que acepte a Cristo ahora mismo. Esperamos que su orgullo no le detendrá, que no será parte de la batalla final de Armagedón y que no esté tan lleno de arrogancia que pretenda declararle la guerra a Dios y ganar.

Sin embargo, esta es sólo una parte de nuestra preocupación si usted lee este libro antes del Arrebatamiento. También nos preocupaba el hecho de que usted pensara que si decidía jugársela y esperar, aún podría conseguir la salvación después del Arrebatamiento. Al fin y al cabo, le dijimos que muchos se salvarán durante la tribulación.

Tenemos que advertirle acerca de esto. Si usted, en forma clara y voluntaria, rechaza ahora a Jesucristo como su Salvador, creemos que no necesariamente tendrá otra oportunidad en el otro lado. Dudamos que tenga la opción de convertirse en uno de los santos de la tribulación.

La Palabra de Dios dice que quienes rechacen a Jesucristo ahora, *creerán* en las mentiras después del Arrebatamiento. Esto lo puede leer por sí mismo en 2 Tesalonicenses 2.6-12:

> Y ahora vosotros sabéis lo que lo detiene, a fin de que a su debido tiempo se manifieste. Porque

ya está en acción el misterio de la iniquidad; sólo que hay quien al presente lo detiene hasta que Él a su vez sea quitado de en medio. Y entonces se manifestará aquel inicuo, a quien el Señor matará con el Espíritu de su boca, y destruirá con el resplandor de su venida; inicuo cuyo advenimiento es por obra de Satanás, con gran poder y señales y prodigios mentirosos, y con todo engaño de iniquidad para los que se pierden, por cuanto no recibieron el amor de la verdad para ser salvos. Por esto Dios les envía un poder engañoso, para que crean la mentira, a fin de que sean condenados todos los que no creyeron a la verdad, sino que se complacieron en la injusticia.

Si por cualquier razón ahora rehúsa ser cristiano, la Palabra de Dios dice que en el otro lado será engañado y creerá todas las mentiras del anticristo y del falso profeta. No hay una segunda oportunidad. Creemos que quienes se conviertan en santos durante la tribulación son los que nunca han oído o entendido completamente el evangelio de Jesucristo.

## Hoy es el día

Hoy cada uno de nosotros enfrentamos nuestro propio Armagedón. Debemos escoger de qué parte estaremos. Los que rechacen a Dios se acercarán cada vez más a tomar la sutil pero real decisión de unirse a las fuerzas del espíritu del anticristo, a blasfemar de Dios y a pelear contra Cristo en esta batalla sin esperanza. Se encuentra usted en uno de dos caminos. No existe alternativa.

De acuerdo con las encuestas de opinión, una abrumadora mayoría de estadounidenses creen que pasarán la eternidad en el cielo (93 a 95%). Sin embargo, es obvio que debido a la descomposición y decadencia moral, tal cantidad de personas no tienen en realidad el amor de Cristo en sus corazones.

Muchos de los que creen que van a ir al cielo aparentemente piensan que lo merecen debido a que nacieron en naciones «cristianas», porque sus familias celebran las bodas y funerales en iglesias «cristianas» o porque sus antepasados fueron miembros de tales iglesias. Pero ninguna de estas referencias enviará a alguien al cielo.

Otros señalan que son buenas personas. Que no golpean al gato de su vecino o no timan demasiado en los impuestos. Pero nada de eso conduce a la eternidad. La Biblia nos dice muy claramente en Romanos 3.23 que «por cuanto todos pecaron, y están destituidos de la gloria de Dios». Juan nos dice que cualquiera que manifiesta no haber pecado es un mentiroso (1 Juan 1.8, 10).

No importa cuán buena persona sea usted, a los ojos justos de Dios es pecador. Usted nunca podría ser lo suficientemente bueno en su presencia.

Imagínese que es muy bueno en salto alto. Podría haber ganado una medalla olímpica. Pero por talentoso que sea no podrá saltar hasta la luna. Ese es un cuadro de cuán cerca están nuestros esfuerzos de alcanzar a Dios con nuestras obras. Nadie puede lograrlo; gracias a Dios no tenemos que hacerlo.

## Ya se pagó el precio

Dios sabía que no podríamos hacerlo. Toda la ley del Antiguo Testamento es una sencilla prueba de cuán bueno tendría que ser uno para llegar a Dios por sus propios méritos. El mar de pecado que nos separa de Él es demasiado grande para que podamos cruzarlo.

Por eso Dios pagó el precio por nosotros. Envió a su Hijo unigénito, Jesús, a pagar la pena por los pecados de la humanidad. Jesús, que no conoció pecado, se convirtió en nuestra ofrenda de pecado. Ofreció su propia vida a Dios como pago por nuestros pecados. Estuvo de acuerdo en sufrir la agonía e indignidad de la cruel cruz del Calvario, a fin de capacitarle y capacitarme para evitar el castigo eterno y disfrutar la vida eterna junto a Él:

> Porque de tal manera amó Dios al mundo [a la humanidad], que ha dado a su Hijo unigénito, para que todo aquel que en Él cree, no se pierda, mas tenga vida eterna (Juan 3.16).

Jesús murió por los pecados de la humanidad. Lo único que debe hacer es reconocer que es un pecador y que necesita un Salvador, luego aceptar el sacrificio que Jesús hizo por usted. Quienes han hecho esto son los «redimidos» del Señor. Al derramar su sangre, Jesús nos redimió, nos compró y nos llevó de nuevo al Padre. Somos los hijos adoptivos de Dios debido a que hemos sido reconciliados con Él.

Ahora mismo, mientras lee este libro, puede convertirse en uno de los redimidos del Señor. Dios le perdonará si reconoce que es pecador, si confiesa sus pecados y si pide perdón, reclamando el hecho de que ya Jesús pagó el precio por sus pecados. «Si confesamos nuestros pecados, Él es fiel y justo para perdonar nuestros pecados» (1 Juan 1.9). La sangre de Cristo nos limpia toda maldad. Sus pecados serán borrados por la sangre de Cristo.

La salvación es un don voluntario de Dios. El perdón de los pecados se basa en la gracia y la misericordia divinas, no podemos ganarlo. Ninguna buena obra podrá salvarnos. En este momento puede obtener el perdón de sus pecados y la libertad en Cristo Jesús.

### ¿Por qué no volver al hogar?

Si este es su deseo, sea totalmente honesto y sincero con Dios, y pronuncie la siguiente oración:

> Querido Padre celestial, reconozco que soy pecador y que merezco el fuego del infierno. Confieso en este momento mis pecado, te pido perdón por rebelarme contra ti y por negarme a aceptar el amor de Cristo. Acepto el sacrificio que tu Hijo Jesús hizo por mí en la cruz del Calvario. Creo que

tú lo levantaste de los muertos. Confieso con mi boca que Jesús es mi Señor. Gracias por escuchar esta oración y aceptarme en el seno de tu familia, y porque ahora la sangre de Jesús limpia mis pecados. Sé que desde este momento soy salvo. Gracias, Señor.

Estas son palabras sencillas. No hay nada complicado en el evangelio. Es más, la Biblia nos dice que el camino es tan sencillo que «el que anduviere en este camino, por torpe que sea, no se extraviará» (Isaías 35.8). No es difícil entender el evangelio. Nada podría ser más claro:

> Que si confesares con tu boca que Jesús es el Señor, y creyeres en tu corazón que Dios le levantó de los muertos, serás salvo (Romanos 10.9).

Sin embargo, es sabio decir que el problema no es saber qué hacer sino hacer lo que se sabe. Esta es una verdad en el mundo espiritual. Quizás el Señor ha estado tratando con usted por mucho tiempo. Pero al igual que esas pobres almas en la batalla de Armagedón, tiene que escoger entre declararle la guerra o inclinarse ante Él.

Lo difícil no es pronunciar las palabras, sino decirlas de todo corazón. Pero no tema «porque Dios es el que en vosotros produce así el querer como el hacer, por su buena voluntad» (Filipenses 2.13). Dios es para usted. Él le está acercando por medio de su Espíritu. Él tiene un plan para usted.

Pero usted es quien debe decidir. Escoja hoy a quién servir.

La Biblia nos dice que los ángeles se regocijan cada vez que un pecador llega a Cristo. Nosotros nos regocijaremos con usted ahora si toma esta decisión, la más importante de su vida. Sólo podemos decirle: «¡Bienvenido a casa!»

Así, pues, nosotros, como colaboradores suyos, os exhortamos también a que no recibáis en vano la gracia de Dios. Porque dice: En tiempo aceptable te he oído, y en día de salvación te he socorrido. He aquí ahora el tiempo aceptable; he aquí ahora el día de salvación (2 Corintios 6.1, 2).

# Mateo

## Capítulo 24

*Jesús predice la destrucción del templo*

1   Cuando Jesús salió del templo y se iba, se acercaron sus discípulos para mostrarle los edificios del templo.

2   Respondiendo Él, les dijo: ¿Veis todo esto? De cierto os digo, que no quedará aquí piedra sobre piedra, que no sea derribada.

3   Y estando Él sentado en el monte de los Olivos, los discípulos se le acercaron aparte, diciendo: Dinos, ¿cuándo serán estas cosas, y qué señal habrá de tu venida, y del fin del siglo?

4   Respondiendo Jesús, les dijo: Mirad que nadie os engañe

5   Porque vendrán muchos en mi nombre, diciendo: Yo soy el Cristo; y a muchos engañarán.

6   Y oiréis de guerras y rumores de guerras; mirad que no os turbéis, porque es necesario que todo esto acontezca; pero aún no es el fin.

7   Porque se levantará nación contra nación, y reino contra reino; y habrá pestes, y hambres, y terremotos en diferentes lugares.

8   Y todo esto será principio de dolores.

9   Entonces os entregarán a tribulación, y os matarán, y seréis aborrecidos de todas las gentes por causa de mi nombre.

10  Muchos tropezarán entonces, y se entregarán unos a otros, y unos a otros se aborrecerán.

11  Y muchos falsos profetas se levantarán, y engañarán a muchos;

12  y por haberse multiplicado la maldad, el amor de muchos se enfriará.

13  Mas el que persevere hasta el fin, éste será salvo.

14  Y será predicado este evangelio del reino en todo el mundo, para testimonio a todas las naciones; y entonces vendrá el fin.

15  Por tanto, cuando veáis en el lugar santo la abominación desoladora de que habló el profeta Daniel (el que lee, entienda),

16  entonces los que estén en Judea, huyan a los montes.

17  El que esté en la azotea, no descienda para tomar algo de su casa;

18  y el que esté en el campo, no vuelva atrás para tomar su capa.

19  Mas ¡ay de las que estén encinta, y de las que críen en aquellos días!

20  Orad, pues, que vuestra huida no sea en invierno ni en día de reposo;

21  porque habrá entonces gran tribulación, cual no la ha habido desde el principio del mundo hasta ahora, ni la habrá.

22  Y si aquellos días no fuesen acortados, nadie sería salvo; mas por causa de los escogidos, aquellos días serán acortados.

23  Entonces, si alguno os dijere: Mirad, aquí está el Cristo, o mirad, allí está, no lo creáis.

24  Porque se levantarán falsos Cristos, y falsos profetas, y harán grandes señales y prodigios, de tal manera que engañarán, si fuere posible, aun a los escogidos.

25  Ya os lo he dicho antes.

26  Así que, si os dijeren: Mirad, está en el desierto, no salgáis; o mirad, está en los aposentos, no lo creáis.

27  Porque como el relámpago que sale del oriente y se muestra hasta el occidente, así será también la venida del Hijo del Hombre.

28  Porque dondequiera que estuviere el cuerpo muerto, allí se juntarán las águilas.

## La venida del Hijo del Hombre

29  E inmediatamente después de la tribulación de aquellos, el sol se oscurecerá, y la luna no dará su resplandor, y las estrellas caerán del cielo, y las potencias de los cielos serán conmovidas.

30  Entonces aparecerá la señal del Hijo del Hombre en el cielo; y entonces lamentarán todas las tribus de la tierra, y verán al Hijo del Hombre viniendo sobre las nubes del cielo, con poder y gran gloria.

31  Y enviará sus ángeles con gran voz de trompeta, y juntarán a sus escogidos, de los cuatro vientos, desde un extremo del cielo hasta el otro.

32  De la higuera aprended la parábola: Cuando ya su rama está tierna, y brotan las hojas, sabéis que el verano está cerca.

33  Así también vosotros, cuando veáis todas estas cosas, conoced que está cerca, a las puertas.

34  De cierto os digo, que no pasará esta generación hasta que todo esto acontezca.

35  El cielo y la tierra pasarán, pero mis palabras no pasarán.

36  Pero del día y la hora nadie sabe, ni aun los ángeles de los cielos, sino sólo mi Padre.

37  Mas como en los días de Noé, así será la venida del Hijo del Hombre.

38  Porque como en los días antes del diluvio estaban comiendo y bebiendo, casándose y dando en casamiento, hasta el día en que Noé entró en el arca,

39  y no entendieron hasta que vino el diluvio y se los llevó a todos, así será también la venida del Hijo del Hombre.

40  Entonces estarán dos en el campo; el uno será tomado, y el otro será dejado.

41  Dos mujeres estarán moliendo en un molino; la una será tomada, y la otra será dejada.

42  Velad, pues, porque no sabéis a qué hora ha de venir vuestro Señor.

43  Pero sabed esto, que si el padre de familia supiese a qué hora el ladrón habría de venir, velaría, y no dejaría minar su casa.

44  Por tanto, también vosotros estad preparados; porque el Hijo del Hombre vendrá a la hora que no pensáis.

45  ¿Quién es, pues, el siervo fiel y prudente, al cual puso su señor sobre su casa para que les dé el alimento a tiempo?

46  Bienaventurado aquel siervo al cual, cuando su señor venga, le halle haciendo así.

47  De cierto os digo que sobre todos sus bienes le pondrá.

48  Pero si aquel siervo malo dijere en su corazón: Mi señor tarda en venir;

49  y comenzare a golpear a sus consiervos, y aun a comer y a beber con los borrachos,

50  vendrá el señor de aquel siervo en día que éste no espera, y a la hora que no sabe,

51  y lo castigará duramente, y pondrá su parte con los hipócritas; allí será el lloro y el crujir de dientes.

# Ezequiel

## Capítulo 37

1  La mano de Jehová vino sobre mí, y me llevó en el Espíritu de Jehová, y me puso en medio de un valle que estaba lleno de huesos.

2  Y me hizo pasar cerca de ellos por todo en derredor; y he aquí que eran muchísimos sobre la faz del campo, y por cierto secos en gran manera.

3  Y me dijo: Hijo de hombre, ¿vivirán estos huesos? Y dije: Señor Jehová, tú lo sabes.

4  Me dijo entonces: Profetiza sobre estos huesos, y diles: Huesos secos, oíd palabra de Jehová.

5.  Así ha dicho Jehová el Señor a estos huesos: He aquí, yo hago entrar espíritu en vosotros, y viviréis.

6  Y pondré tendones sobre vosotros, y haré subir sobre vosotros carne, y os cubriré de piel, y pondré en vosotros espíritu, y viviréis; y sabréis que yo soy Jehová.

7  Profeticé, pues, como me fue mandado; y hubo un ruido mientras yo profetizaba, y he aquí un temblor; y los huesos se juntaron cada hueso con su hueso.

8  Y miré, y he aquí tendones sobre ellos, y la carne subió, y la piel cubrió por encima de ellos; pero no había en ellos espíritu.

9  Y me dijo: Profetiza al espíritu, profetiza, hijo de hombre, y di al espíritu: Así ha dicho Jehová el Señor: Espíritu, ven de los cuatro vientos, y sopla sobre estos muertos, y vivirán.

10  Y profeticé como me había mandado, y entró espíritu en ellos, y vivieron, y estuvieron sobre sus pies; un ejército grande en extremo.

11  Me dijo luego: Hijo de hombre, todos estos huesos son la casa de Israel. He aquí, ellos dicen: Nuestros huesos se secaron, y pereció nuestra esperanza, y somos del todo destruidos.

12  Por tanto, profetiza, y diles: Así ha dicho Jehová el Señor: He aquí yo abro vuestros sepulcros, pueblo mío, y os haré de vuestras sepulturas, y os traeré a la tierra de Israel.

13  Y sabréis que yo soy Jehová, cuando abra vuestros sepulcros, y os saque de vuestras sepulturas, pueblo mío.

14  Y pondré mi Espíritu en vosotros, y viviréis, y os haré reposar sobre vuestra tierra; y sabréis que yo Jehová hablé, y lo hice, dice Jehová.

15 Vino a mí palabra de Jehová, diciendo:

16 Hijo de hombre, toma ahora un palo, y escribe en él: Para Judá, y para los hijos de Israel sus compañeros. Toma después otro palo, y escribe en él: Para José, palo de Efraín, y para toda la casa de Israel sus compañeros.

17 Júntalos luego el uno con el otro, para que sean uno solo, y serán uno solo en tu mano.

18 Y cuando te pregunten los hijos de tu pueblo, diciendo: ¿No nos enseñarás qué te propones con eso?,

19 diles: Así ha dicho Jehová el Señor: He aquí, yo tomo el palo de José que está en la mano de Efraín, y a las tribus de Israel sus compañeros, y los pondré con el palo de Judá, y los haré un solo palo, y serán uno en mi mano.

20 Y los palos sobre que escribas estarán en tu mano delante de sus ojos,

21 y les dirás: Así ha dicho Jehová el Señor: He aquí, yo tomo a los hijos de Israel de entre las naciones a las cuales fueron, y los recogeré de todas partes, y los traeré a su tierra;

22 y los haré una nación en la tierra, en los montes de Israel, y un rey será a todos ellos por rey; y nunca más dos naciones, ni nunca más serán divididos en dos reinos.

23 Ni se contaminarán ya más con sus ídolos, con sus abominaciones y con todas sus rebeliones; y los salvaré de todas sus rebeliones con las cuales pecaron, y los limpiaré; y me serán por pueblo, y yo a ellos por Dios.

24 Mi siervo David será rey sobre ellos, y todos ellos tendrán un solo pastor; y andarán en mis preceptos, y mis estatutos guardarán, y los pondrán por obra.

25 Habitarán en la tierra que di a mi siervo Jacob, en la cual habitaron vuestros padres; en ella habitarán ellos, sus hijos y los hijos de sus hijos para siempre; y mi siervo David será príncipe de ellos para siempre.

26 Y haré con ellos pacto de paz, pacto perpetuo será con ellos; y los estableceré y los multiplicaré, y pondré mi santuario entre ellos para siempre.

27 Estará en medio de ellos mi tabernáculo, y seré a ellos por Dios, y ellos me serán por pueblo.

28 Y sabrán las naciones que yo Jehová santifico a Israel, estando mi santuario en medio de ellos para siempre.

## Capítulo 38

1 Vino a mí palabra de Jehová, diciendo:

2 Hijo de hombre, pon tu rostro contra Gog en tierra de Magog, príncipe soberano de Mesec y Tubal, y profetiza contra él,

3 y di: Así ha dicho Jehová el Señor: He aquí, yo estoy contra ti, oh Gog, príncipe soberano de Mesec y Tubal.

4 Y te quebrantaré, y pondré garfios en tus quijadas, y te sacaré a ti y a todo tu ejército, caballos y jinetes, de todo en todo equipados, gran multitud con paveses y escudos, teniendo todos ellos espadas;

5 Persia, Cus y Fut con ellos; todos ellos con escudo y yelmo;

6 Gomer, y todas sus tropas; la casa de Togarma, de los confines del norte, y todas sus tropas; muchos pueblos contigo.

7   Prepárate y apercíbete, tú y toda tu multitud que se ha reunido a ti, y sé tú su guarda.

8   De aquí a muchos días serás visitado; al cabo de años vendrás a la tierra salvada de la espada, recogida de muchos pueblos, a los montes de Israel, que siempre fueron una desolación; mas fue sacada de las naciones, y todos ellos morarán confiadamente.

9   Subirás tú, y vendrás como tempestad; como nublado para cubrir la tierra serás tú y todas tus tropas, y muchos pueblos contigo.

10   Así ha dicho Jehová el Señor: En aquel día subirán palabras en tu corazón, y concebirás mal pensamiento,

11   y dirás: Subiré contra una tierra indefensa, iré contra gentes tranquilas que habitan confiadamente; todas ellas habitan sin muros, y no tienen cerrojos ni puertas;

12   para arrebatar despojos y para tomar botín, para poner tus manos sobre las tierras desiertas ya pobladas, y sobre el pueblo recogido de entre las naciones, que se hace de ganado y posesiones, que mora en la parte central de la tierra.

13   Sabá y Dedán, y los mercaderes de Tarsis y todos sus príncipes, te dirán: ¿Has venido a arrebatar despojos? ¿Has reunido tu multitud para tomar botín, para quitar plata y oro, para tomar ganados y posesiones, para tomar grandes despojos?

14   Por tanto, profetiza, hijo de hombre, y di a Gog: Así ha dicho Jehová el Señor: En aquel tiempo, cuando mi pueblo Israel habite con seguridad, ¿no lo sabrás tú?

15   Vendrás de tu lugar, de las regiones del norte, tú y muchos pueblos contigo, todos ellos a caballo, gran multitud y poderoso ejército,

16   y subirás contra mi pueblo Israel como nublado para cubrir la tierra; será al cabo de los días; y te traeré sobre mi tierra, para que las naciones me conozcan, cuando sea santificado en ti, oh Gog, delante de sus ojos.

17   Así ha dicho Jehová el Señor: ¿No eres tú aquel de quien hablé yo en tiempos pasados por mis siervos los profetas de Israel, los cuales profetizaron en aquellos tiempos que yo te había de traer sobre ellos?

18   En aquel tiempo, cuando venga Gog contra la tierra de Israel, dijo Jehová el Señor, subirá mi ira y mi enojo.

19   Porque he hablado en mi celo, y en el fuego de mi ira: Que en aquel tiempo habrá gran temblor sobre la tierra de Israel;

20   que los peces del mar, las aves del cielo, las bestias del campo y toda serpiente que se arrastra sobre la tierra, y todos los hombres que están sobre la faz de la tierra, temblarán ante mi presencia; y se desmoronarán los montes, y los vallados caerán, y todo muro caerá a tierra.

21   Y en todos mis montes llamaré contra él la espada, dice Jehová el Señor; la espada de cada cual será contra su hermano.

22   Y yo litigaré contra él con pestilencia y con sangre; y haré llover sobre él, sobre sus tropas y sobre los muchos pueblos que están con él, impetuosa lluvia, y piedras de granizo, fuego y azufre.

23   Y seré engrandecido y santificado, y seré conocido ante los ojos de muchas naciones; y sabrán que yo soy Jehová.

## Capítulo 39

1   Tú pues, hijo de hombre, profetiza contra Gog, y di: Así ha dicho Jehová el Señor: He aquí yo estoy contra ti, oh Gog, príncipe soberano de Mesec y Tubal.

2   Y te quebrantaré, y te conduciré y te haré subir de las partes del norte, y te traeré sobre los montes de Israel;

3   y sacaré tu arco de tu mano izquierda, y derribaré tus saetas de tu mano derecha.

4   Sobre los montes de Israel caerás tú y todas tus tropas, y los pueblos que fueron contigo; a aves de rapiña de toda especie, y a las fieras del campo, te he dado por comida.

5   Sobre la faz del campo caerás; porque yo he hablado, dice Jehová el Señor.

6   Y enviaré fuego sobre Magog, y sobre los que moran con seguridad en las costas; y sabrán que yo soy Jehová.

7   Y haré notorio mi santo nombre en medio de mi pueblo Israel, y nunca más dejaré profanar mi santo nombre; y sabrán las naciones que yo soy Jehová, el Santo en Israel.

8   He aquí viene, y se cumplirá, dice Jehová el Señor; este es el día del cual he hablado.

9   Y los moradores de las ciudades de Israel saldrán, y encenderán y quemarán armas, escudos, paveses, arcos y saetas, dardos de manos y lanzas; y los quemarán en el fuego por siete años.

10   No traerán leña del campo, ni cortarán de los bosques, sino quemarán las armas en el fuego; y despojarán a sus despojadores, y robarán a los que les robaron, dice Jehová el Señor.

11   En aquel tiempo yo daré a Gog lugar para sepultura allí en Israel, el valle de los que pasan al oriente del mar; y obstruirá el paso a los transeúntes, pues allí enterrarán a Gog y a toda su multitud; y lo llamarán el Valle de Hamón-gog.

12   Y la casa de Israel los estará enterrando por siete meses, para limpiar la tierra.

13   Los enterrará todo el pueblo de la tierra; y será para ellos célebre el día en que yo sea glorificado, dice Jehová el Señor.

14   Y tomarán hombres a jornal que vayan por el país con los que viajen, para enterrar a los que queden sobre la faz de la tierra, a fin de limpiarla; al cabo de siete meses harán el reconocimiento.

15   Y pasarán los que irán por el país, y el que vea los huesos de algún hombre pondrá junto a ellos una señal, hasta que los entierren los sepultureros en el valle de Hamón-gog.

16   Y también el nombre de la ciudad será Hamona; y limpiarán la tierra.

17   Y tú, hijo de hombre, así ha dicho Jehová el Señor: Di a las aves de toda especie, y a toda fiera del campo: Juntaos, y venid; reuníos de todas partes a mi víctima que sacrifico para vosotros, un sacrificio grande sobre los montes de Israel; y comeréis carne y beberéis sangre.

18   Comeréis carne de fuertes, y beberéis sangre de príncipes de la tierra; de carneros, de corderos, de machos cabríos, de bueyes y de toros, engordados todos en Basán.

19   Comeréis grosura hasta saciaros, y beberéis hasta embriagaros de sangre de las víctimas que para vosotros sacrifiqué.

20   Y os saciaréis sobre mi mesa, de caballos y de jinetes fuertes y de todos los hombres de guerra, dice Jehová el Señor.

21   Y pondré mi gloria entre las naciones, y todas las naciones verán mi juicio que habré hecho, y mi mano que sobre ellos puse.

22   Y de aquel día en adelante sabrá la casa de Israel que yo soy Jehová su Dios.

23   Y sabrán las naciones que la casa de Israel fue llevada cautiva por su pecado, por cuanto se rebelaron contra mí, y yo escondí de ellos mi rostro, y los entregué en manos de sus enemigos, y cayeron todos a espada.

24   Conforme a su inmundicia y conforme a sus rebeliones hice con ellos, y de ellos escondí mi rostro.

25   Por tanto, así ha dicho Jehová el Señor: Ahora volveré la cautividad de Jacob, y tendré misericordia de toda la casa de Israel, y me mostraré celoso por mi santo nombre.

26   Y ellos sentirán su vergüenza, y toda su rebelión con que prevaricaron contra mí, cuando habiten en su tierra con seguridad, y no haya quien los espante;

27   cuando los saque de entre los pueblos, y los reúna de la tierra de sus enemigos, y sea santificado en ellos ante los ojos de muchas naciones.

28   Y sabrán que yo soy Jehová su Dios, cuando después de haberlos llevado al cautiverio entre las naciones, los reúna sobre su tierra, sin dejar allí a ninguno de ellos.

29   Ni esconderé más de ellos mi rostro; porque habré derramado de mi Espíritu sobre la casa de Israel, dice Jehová el Señor.

# Daniel

## Capítulo 7

1   En el primer año de Belsasar rey de Babilonia tuvo Daniel un sueño, y visiones de su cabeza mientras estaba en su lecho; luego escribió el sueño, y relató lo principal del asunto.

2   Daniel dijo: Miraba yo en mi visión de noche, y he aquí que los cuatro vientos del cielo combatían en el gran mar.

3   Y cuatro bestias grandes, diferentes la una de la otra, subían del mar.

4   La primera era como león, y tenía alas de águila. Yo estaba mirando hasta que sus alas fueron arrancadas, y fue levantada del suelo y se puso enhiesta sobre los pies a manera de hombre, y le fue dado corazón de hombre.

5   Y he aquí otra segunda bestia, semejante a un oso, la cual se alzaba de un costado más que del otro, y tenía en su boca tres costillas entre los dientes; y le fue dicho así: Levántate, devora mucha carne.

6   Después de esto miré, y he aquí otra, semejante a un leopardo, con cuatro alas de ave en sus espaldas; tenía también esta bestia cuatro cabezas; y le fue dado dominio.

7   Después de esto miraba yo en las visiones de la noche, y he aquí la cuarta bestia, espantosa y terrible y en gran manera fuerte, la cual tenía unos dientes grandes de hierro; devoraba y desmenuzaba, y las sobras hollaba con sus pies,

y era muy diferente de todas las bestias que vi antes de ella, y tenía diez cuernos.

8  Mientras yo contemplaba los cuernos, he aquí que otro cuerno pequeño salía entre ellos, y delante de él fueron arrancados tres cuernos de los primeros; y he aquí que este cuerno tenía ojos como de hombre, y una boca que hablaba grandes cosas.

9  Estuve mirando hasta que fueron puestos tronos, y se sentó un Anciano de días, cuyo vestido era blanco como la nieve, y el pelo de su cabeza como lana limpia; su trono llama de fuego, y las ruedas del mismo, fuego ardiente.

10  Un río de fuego procedía y salía de delante de él; millares de millares le servían, y millones de millones asistían delante de él; el Juez se sentó, y los libros fueron abiertos.

11  Yo entonces miraba a causa del sonido de las grandes palabras que hablaba el cuerno; miraba hasta que mataron a la bestia, y su cuerpo fue destrozado y entregado para ser quemado en el fuego.

12  Habían también quitado a las otras bestias de su dominio, pero les había sido prolongada la vida hasta cierto tiempo.

13  Miraba yo en la visión de la noche, y he aquí con las nubes del cielo venía uno como un hijo de hombre, que vino hasta el Anciano de días, y le hicieron acercarse delante de él.

14  Y le fue dado dominio, gloria y reino, para que todos los pueblos, naciones y lenguas le sirvieran; su dominio es dominio eterno, que nunca pasará, y su reino uno que no será destruido.

15  Se me turbó el espíritu a mí, Daniel, en medio de mi cuerpo, y las visiones de mi cabeza me asombraron.

16  Me acerqué a uno de los que asistían, y le pregunté la verdad acerca de todo esto. Y me habló, y me hizo conocer la interpretación de las cosas.

17  Estas cuatro bestias son cuatro reyes que se levantarán en la tierra.

18  Después recibirán el reino los santos del Altísimo, y poseerán el reino hasta el siglo, eternamente y para siempre.

19  Entonces tuve deseo de saber la verdad acerca de la cuarta bestia, que era tan diferente de todas las otras, espantosa en gran manera, que tenía dientes de hierro y uñas de bronce, que devoraba y desmenuzaba, y las sobras hollaba con sus pies;

20  asimismo acerca de los diez cuernos que tenía en su cabeza, y del otro que le había salido, delante del cual habían caído tres; y este mismo cuerno tenía ojos, y boca que hablaba grandes cosas, y parecía más grande que sus compañeros.

21  Y veía yo que este cuerno hacía guerra contra los santos, y los vencía,

22  hasta que vino el Anciano de días, y se dio el juicio a los santos del Altísimo; y llegó el tiempo, y los santos recibieron el reino.

23  Dijo así: La cuarta bestia será un cuarto reino en la tierra, el cual será diferente de todos los otros reinos, y a toda la tierra devorará, trillará y despedazará.

24  Y los diez cuernos significan que de aquel reino se levantarán diez reyes; y tras ellos se levantará otro, el cual será diferente de los primeros, y a tres reyes derribará.

25 Y hablará palabras contra el Altísimo, y a los santos del Altísimo quebrantará, y pensará en cambiar los tiempos y la ley; y serán entregados en su mano hasta tiempo, y tiempos, y medio tiempo.

26 Pero se sentará el Juez, y le quitarán su dominio para que sea destruido y arruinado hasta el fin,

27 y que el reino, y el dominio y la majestad de los reinos debajo de todo el cielo, sea dado al pueblo de los santos del Altísimo, cuyo reino es reino eterno, y todos los dominios le servirán y obedecerán.

28 Aquí fue el fin de sus palabras. En cuanto a mí, Daniel, mis pensamientos me turbaron y mi rostro se demudó; pero guardé el asunto en mi corazón.

# Apocalipsis
# de San Juan

## Capítulo 1

1 La revelación de Jesucristo, que Dios le dio, para manifestar a sus siervos las cosas que deben suceder pronto; y la declaró enviándola por medio de su ángel a su siervo Juan,

2 que ha dado testimonio de la Palabra de Dios, y del testimonio de Jesucristo, y de todas las cosas que ha visto.

3 Bienaventurado el que lee, y los que oyen las palabras de esta profecía, y guardan las cosas en ella escritas; porque el tiempo está cerca.

*Salutaciones a las siete iglesias*

4 Juan, a las siete iglesias que están en Asia: Gracia y paz a vosotros, del que es y que era y que ha de venir, y de los siete espíritus que están delante de su trono;

5 y de Jesucristo el testigo fiel, el primogénito de los muertos, y el soberano de los reyes de la tierra. Al que amó, y nos lavó de nuestros pecados con su sangre,

6 y nos hizo reyes y sacerdotes para Dios, su Padre; a Él sea gloria e imperio por los siglos de los siglos. Amén.

7 He aquí que viene con las nubes, y todo ojo le verá, y los que le traspasaron; y todos los linajes de la tierra harán lamentación por Él. Sí, amén.

8 Yo soy el Alfa y la Omega, principio y fin, dice el Señor, el que es y que era y que ha de venir, el Todopoderoso.

*Una visión del Hijo del Hombre*

9 Yo Juan, vuestro hermano, y copartícipe vuestro en la tribulación, en el reino y en la paciencia de Jesucristo, estaba en la isla llamada Patmos, por causa de la Palabra de Dios y el testimonio de Jesucristo.

10 Yo estaba en el Espíritu en el día del Señor, y oí detrás de mí una gran voz como de trompeta,

11 que decía: Yo soy el Alfa y la Omega, el primero y el último. Escribe en un libro lo que ves, y envíalo a las siete iglesias que están en Asia: a Éfeso, Esmirna, Pérgamo, Tiatira, Sardis, Filadelfia y Laodicea.

12 Y me volví para ver la voz que hablaba conmigo; y vuelto, vi siete candeleros de oro,

13  y en medio de los siete candeleros, a uno semejante al Hijo del Hombre, vestido de una ropa que llegaba hasta los pies, y ceñido por el pecho con un cinto de oro.

14  Su cabeza y sus cabellos eran blancos como blanca lana, como nieve; sus ojos como llama de fuego;

15  y sus pies semejantes al bronce bruñido, refulgente como en un horno; y su voz como estruendo de muchas aguas.

16  Tenía en su diestra siete estrellas; de su boca salía una espada aguda de dos filos; y su rostro era como el sol cuando resplandece en su fuerza.

17  Cuando le vi, caí como muerto a sus pies. Y Él puso su diestra sobre mí, diciéndome: No temas; yo soy el primero y el último;

18  y el que vivo, y estuve muerto; mas he aquí que vivo por los siglos de los siglos, amén. Y tengo las llaves de la muerte y del Hades.

19  Escribe las cosas que has visto, y las que son, y las que han de ser después de estas.

20  El misterio de las siete estrellas que has visto en mi diestra, y de los siete candeleros de oro: las siete estrellas son los ángeles de las siete iglesias, y los siete candeleros que has visto, son las siete iglesias.

## Capítulo 2

1  Escribe al ángel de la iglesia en Éfeso: El que tiene las siete estrellas en su diestra, el que anda en medio de los siete candeleros de oro, dice esto:

2  Yo conozco tus obras, y tu arduo trabajo y paciencia; y que no puedes soportar a los malos, y has probado a los que se dicen ser apóstoles, y no lo son, y los has hallado mentirosos;

3  y has sufrido, y has tenido paciencia, y has trabajado arduamente por amor de mi nombre, y no has desmayado.

4  Pero tengo contra ti, que has dejado tu primer amor.

5  Recuerda, por tanto, de dónde has caído, y arrepiéntete, y haz las primeras obras; pues si no, vendré pronto a ti, y quitaré tu candelero de su lugar, si no te hubieres arrepentido.

6  Pero tienes esto, que aborreces las obras de los nicolaítas, las cuales yo también aborrezco.

7  El que tiene oído, oiga lo que el Espíritu dice a las iglesias. Al que venciere, le daré a comer del árbol de la vida, el cual está en medio del paraíso de Dios.

8  Y escribe al ángel de la iglesia en Esmirna: El primero y el postrero, el que estuvo muerto y vivió, dice esto:

9  Yo conozco tus obras, y tu tribulación, y tu pobreza (pero tú eres rico), y la blasfemia de los que se dicen ser judíos, y no lo son, sino sinagoga de Satanás.

10  No temas en nada lo que vas a padecer. He aquí, el diablo echará a algunos de vosotros en la cárcel, para que seáis probados, y tendréis tribulación por diez días. Sé fiel hasta la muerte, y yo te daré la corona de la vida.

11  El que tiene oído, oiga lo que el Espíritu dice a las iglesias. El que venciere, no sufrirá daño de la segunda muerte.

12  Y escribe al ángel de la iglesia en Pérgamo: El que tiene la espada aguda de dos filos dice esto:

13   Yo conozco tus obras, y dónde moras, donde está el trono de Satanás; pero retienes mi nombre, y no has negado mi fe, ni aun en los días en que Antipas mi testigo fiel fue muerto entre vosotros, donde mora Satanás.

14   Pero tengo unas pocas cosas contra ti: que tienes ahí a los que retienen la doctrina de Balaam, que enseñaba a Balac a poner tropiezo ante los hijos de Israel, a comer de cosas sacrificadas a los ídolos, y a cometer fornicación.

15   Y también tienes a los que retienen la doctrina de los nicolaítas, la que yo aborrezco.

16   Por tanto, arrepiéntete; pues si no, vendré a ti pronto, y pelearé contra ellos con la espada de mi boca.

17   El que tiene oído, oiga lo que el Espíritu dice a las iglesias. Al que venciere, daré a comer del maná escondido, y le daré una piedrecita blanca, y en la piedrecita escrito un nombre nuevo, el cual ninguno conoce sino aquel que lo recibe.

18   Y escribe al ángel de la iglesia en Tiatira: El Hijo de Dios, el que tiene ojos como llama de fuego, y pies semejantes al bronce bruñido, dice esto:

19   Yo conozco tus obras, y amor, y fe, y servicio, y tu paciencia, y que tus obras postreras son más que las primeras.

20   Pero tengo unas pocas cosas contra ti: que toleras que esa mujer Jezabel, que se dice profetisa, enseñe y seduzca a mis siervos a fornicar y a comer cosas sacrificadas a los ídolos.

21   Y le he dado tiempo par que se arrepienta, pero no quiere arrepentirse de su fornicación.

22   He aquí, yo la arrojo en cama, y en gran tribulación a los que con ella adulteran, si no se arrepienten de las obras de ella.

23   Y a sus hijos heriré de muerte, y todas las iglesias sabrán que yo soy el que escudriña la mente y el corazón; y os daré a cada uno según vuestras obras.

24   Pero a vosotros y a los demás que están en Tiatira, a cuantos no tienen esa doctrina, y no han conocido lo que ellos llaman las profundidades de Satanás, yo os digo: No os impondré otra carga;

25   pero lo que tenéis, retenedlo hasta que yo venga.

26   Al que venciere y guardare mis obras hasta el fin, yo le daré autoridad sobre las naciones,

27   y las regirá con vara de hierro, y serán quebradas como vaso de alfarero; como yo también la he recibido de mi Padre;

28   y le daré la estrella de la mañana.

29   El que tiene oído, oiga lo que el Espíritu dice a las iglesias.

## Capítulo 3

1   Escribe al ángel de la iglesia en Sardis: El que tiene los siete espíritus de Dios, y las siete estrellas, dice esto: Yo conozco tus obras, que tienes nombre de que vives, y estás muerto.

2   Sé vigilante, y afirma las otras cosas que están para morir; porque no he hallado tus obras perfectas delante de Dios.

3   Acuérdate, pues, de lo que has recibido y oído; y guárdalo, y arrepiéntete. Pues si no velas, vendré sobre ti como ladrón, y no sabrás a qué hora vendré sobre ti.

4   Pero tienes unas pocas personas en Sardis que no han manchado sus vestiduras; y andarán conmigo en vestiduras blancas, porque son dignas.

5   El que venciere será vestido de vestiduras blancas; y no borraré su nombre del libro de la vida, y confesaré su nombre delante de mi Padre, y delante de sus ángeles.

6   El que tiene oído, oiga lo que el Espíritu dice a las iglesias.

7   Escribe al ángel de la iglesia en Filadelfia: Esto dice el Santo, el Verdadero, el que tiene la llave de David, el que abre y ninguno cierra, y cierra y ninguno abre.

8   Yo conozco tus obras; he aquí, he puesto delante de ti una puerta abierta, la cual nadie puede cerrar; porque aunque tienes poca fuerza, has guardado mi palabra, y no has negado mi nombre.

9   He aquí, yo entrego de la sinagoga de Satanás a los que se dicen ser judíos y no lo son, sino que mienten; he aquí, yo haré que vengan y se postren a tus pies, y reconozcan que yo te he amado.

10   Por cuanto has guardado la palabra de mi paciencia, yo también te guardaré de la hora de la prueba que ha de venir sobre el mundo entero, para probar a los que moran sobre la tierra.

11   He aquí, yo vengo pronto; retén lo que tienes, para que ninguno tome tu corona.

12   Al que venciere, yo lo haré columna en el templo de mi Dios, y nunca más saldrá de allí; y escribiré sobre él el nombre de mi Dios, la nueva Jerusalén, la cual desciende del cielo, de mi Dios, y mi nombre nuevo.

13   El que tiene oído, oiga lo que el Espíritu dice a las iglesias.

14   Y escribe al ángel de la iglesia en Laodicea: He aquí el Amén, el testigo fiel y verdadero, el principio de la creación de Dios, dice esto:

15   Yo conozco tus obras, que ni eres frío ni caliente. ¡Ojalá fueses frío o caliente!

16   Pero por cuanto eres tibio, y no frío ni caliente, te vomitaré de mi boca.

17   Porque tú dices: Yo soy rico, y me he enriquecido, y de ninguna cosa tengo necesidad; y no sabes que tú eres un desventurado, miserable, pobre, ciego y desnudo.

18   Por tanto, yo te aconsejo que de mí compres oro refinado en fuego, para que seas rico, y vestiduras blancas para vestirte, y que no se descubra la vergüenza de tu desnudez; y unge tus ojos con colirio, para que veas.

19   Yo reprendo y castigo a todos los que amo; sé, pues, celoso, y arrepiéntete.

20   He aquí, yo estoy a la puerta y llamo; si alguno oye mi voz y abre la puerta, entraré a él, y cenaré con él, y él conmigo.

21   Al que venciere, le daré que se siente conmigo en mi trono, así como yo he vencido, y me he sentado con mi Padre en su trono.

22   El que tiene oído, oiga lo que el Espíritu dice a las iglesias.

## Capítulo 4

1   Después de esto miré, y he aquí una puerta abierta en el cielo; y la primera voz que oí, como de trompeta, hablando conmigo, dijo: Sube acá, y yo te mostraré las cosas que sucederán después de estas.

2   Y al instante yo estaba en el Espíritu; y he aquí, un trono establecido en el cielo, y en el trono, uno sentado.

3   Y el aspecto del que estaba sentado era semejante a piedra de jaspe y de cornalina; y había alrededor del trono un arco iris, semejante en aspecto a la esmeralda.

4   Y alrededor del trono había veinticuatro tronos; y vi sentados en los tronos a veinticuatro ancianos, vestidos de ropas blancas, con coronas de oro en sus cabezas.

5   Y del trono salían relámpagos y truenos y voces; y delante del trono ardían siete lámparas de fuego, las cuales son los siete espíritus de Dios.

6   Y delante del trono había como un mar de vidrio semejante al cristal; y junto al trono, y alrededor del trono, cuatro seres vivientes llenos de ojos delante y detrás.

7   El primer ser viviente era semejante a un león; el segundo era semejante a un becerro; el tercero tenía rostro como de hombre; y el cuarto era semejante a un águila volando.

8   Y los cuatro seres vivientes tenían cada uno seis alas, y alrededor y por dentro estaban llenos de ojos; y no cesaban día y noche de decir: Santo, santo, santo es el Señor Dios Todopoderoso, el que era, el que es, y el que ha de venir.

9   Y siempre que aquellos seres vivientes dan gloria y honra y acción de gracias al que está sentado en el trono, al que vive por los siglos de los siglos,

10   los veinticuatro ancianos se postran delante del que está sentado en el trono, y adoran al que vive por los siglos de los siglos, y echan sus coronas delante del trono, diciendo:

11   Señor, digno eres de recibir la gloria y la honra y el poder; porque tú creaste todas las cosas, y por tu voluntad existen y fueron creadas.

## Capítulo 5

1   Y vi en la mano derecha del que estaba sentado en el trono un libro escrito por dentro y por fuera, sellado con siete sellos.

2   Y vi a un ángel fuerte que pregonaba a gran voz: ¿Quién es digno de abrir el libro y desatar sus sellos?

3   Y ninguno, ni en el cielo ni en la tierra ni debajo de la tierra, podía abrir el libro, ni aun mirarlo.

4   Y lloraba yo mucho, porque no se había hallado a ninguno digno de abrir el libro, ni de leerlo, ni de mirarlo.

5   Y uno de los ancianos me dijo: No llores. He aquí que el León de la tribu de Judá, la raíz de David, ha vencido para abrir el libro y desatar sus siete sellos.

6   Y miré, y vi que en medio del trono y de los cuatro seres vivientes, y en medio de los ancianos, estaba en pie un Cordero como inmolado, que tenía siete cuernos, y siete ojos, los cuales son los siete espíritus de Dios enviados por toda la tierra.

7    Y vino, y tomó el libro de la mano derecha del que estaba sentado en el trono.

8    Y cuando hubo tomado el libro, los cuatro seres vivientes y los veinticuatro ancianos se postraron delante del Cordero; todos tenían arpas, y copas de oro llenas de incienso, que son las oraciones de los santos;

9    y cantaban un nuevo cántico, diciendo: Digno eres de tomar el libro y de abrir sus sellos; porque tú fuiste inmolado, y con tu sangre nos has redimido para Dios, de todo linaje y lengua y pueblo y nación;

10   y nos has hecho para nuestro Dios reyes y sacerdotes, y reinaremos sobre la tierra.

11   Y miré, y oí la voz de muchos ángeles alrededor del trono, y de los seres vivientes, y de los ancianos; y su número era millones de millones,

12   que decían a gran voz: El Cordero que fue inmolado es digno de tomar el poder, las riquezas, la sabiduría, la fortaleza, la honra, la gloria y la alabanza.

13   Y a todo lo creado que está en el cielo, y sobre la tierra, y debajo de la tierra, y en el mar, y a todas las cosas que en ellos hay, oí decir: Al que está sentado en el trono, y al Cordero, sea la alabanza, la honra, la gloria, y el poder, por los siglos de los siglos.

14   Los cuatro seres vivientes decían: Amén; y los veinticuatro ancianos se postraron sobre sus rostros y adoraron al que vive por los siglos de los siglos.

## Capítulo 6

1    Vi cuando el Cordero abrió uno de los sellos, y oí a uno de los cuatro seres vivientes decir como con voz de trueno: Ven y mira.

2    Y miré, y he aquí un caballo blanco; y el que lo montaba tenía un arco; y le fue dada una corona, y salió venciendo, y para vencer.

3    Cuando abrió el segundo sello, oí al segundo ser viviente, que decía: Ven y mira.

4    Y salió otro caballo, bermejo; y al que lo montaba le fue dado poder de quitar de la tierra la paz, y que se matasen unos a otros; y se le dio una gran espada.

5    Cuando abrió el tercer sello, oí al tercer ser viviente, que decía: Ven y mira. Y miré, y he aquí un caballo negro; y el que lo montaba tenía una balanza en la mano.

6    Y oí una voz de en medio de los cuatro seres viviente, que decía: Dos libras de trigo por un denario, y seis libras de cebada por un denario; pero no dañes el aceite ni el vino.

7    Cuando abrió el cuarto sello, oí la voz del cuarto ser viviente, que decía: Ven y mira.

8    Miré, y he aquí un caballo amarillo, y el que lo montaba tenía por nombre Muerte, y el Hades le seguía; y le fue dada potestad sobre la cuarta parte de la tierra, para matar con espada, con hambre, con mortandad, y con las fieras de la tierra.

9    Cuando abrió el quinto sello, vi bajo el altar las almas de los que habían sido muertos por causa de la Palabra de Dios y por el testimonio que tenían.

10 Y clamaban a gran voz, diciendo: ¿Hasta cuándo, Señor, santo y verdadero, no juzgas y vengas nuestra sangre en los que moran en la tierra?

11 Y se les dieron vestiduras blancas, y se les dijo que descansasen todavía un poco de tiempo, hasta que se completara el número de sus consiervos y sus hermanos, que también habían de ser muertos como ellos.

12 Miré cuando abrió el sexto sello, y he aquí hubo un gran terremoto; y el sol se puso negro como tela de cilicio, y la luna se volvió toda como sangre;

13 y las estrellas del cielo cayeron sobre la tierra, como la higuera deja caer sus higos cuando es sacudida por un fuerte viento.

14 Y el cielo se desvaneció como un pergamino que se enrolla; y todo monte y toda isla se removió de su lugar.

15 Y los reyes de la tierra, y los grandes, los ricos, los capitanes, los poderosos, y todo siervo y todo libre, se escondieron en las cuevas y entre las peñas de los montes;

16 y decían a los montes y a las peñas: Caed sobre nosotros, y escondednos del rostro de aquel que está sentado sobre el trono, y de la ira del Cordero;

17 porque el gran día de su ira ha llegado; ¿y quién podrá sostenerse en pie?

## Capítulo 7

1 Después de esto vi a cuatro ángeles en pie sobre los cuatro ángulos de la tierra, que detenían los cuatro vientos de la tierra, para que no soplase viento alguno sobre la tierra, ni sobre el mar, ni sobre ningún árbol.

2 Vi también a otro ángel que subía de donde sale el sol, y tenía el sello del Dios vivo; y clamó a gran voz a los cuatro ángeles, a quienes se les había dado poder de hacer daño a la tierra y al mar,

3 diciendo: No hagáis daño a la tierra, ni al mar, ni a los árboles, hasta que hayamos sellado en sus frentes a los siervos de nuestro Dios.

4 Y oí el número de los sellados: ciento cuarenta y cuatro mil sellados de todas las tribus de los hijos de Israel.

5 De la tribu de Judá, doce mil sellados. De la tribu de Rubén, doce mil sellados. De la tribu de Gad, doce mil sellados.

6 De la tribu de Aser, doce mil sellados. De la tribu de Neftalí, doce mil sellados. De la tribu de Manasés, doce mil sellados.

7 De la tribu de Simeón, doce mil sellados. De la tribu de Leví, doce mil sellados. De la tribu de Isacar, doce mil sellados.

8 De la tribu de Zabulón, doce mil sellados. De la tribu de José, doce mil sellados. De la tribu de Benjamín, doce mil sellados.

9 Después de esto miré, y he aquí una gran multitud, la cual nadie podía contar, de todas naciones y tribus y pueblos y lenguas, que estaban delante del trono y en la presencia del Cordero, vestidos de ropas blancas, y con palmas en las manos;

10 y clamaban a gran voz, diciendo: La salvación pertenece a nuestro Dios que está sentado en el trono, y al Cordero.

11 Y todos los ángeles estaban en pie alrededor del trono, y de los ancianos y de los cuatro seres vivientes; y se postraron sobre sus rostros delante del trono, y adoraron a Dios,

12 diciendo: Amén. La bendición y la gloria y la sabiduría y la acción de gracias y la honra y el poder y la fortaleza, sean a nuestro Dios por los siglos de los siglos. Amén.

13 Entonces uno de los ancianos habló, diciéndome: Estos que están vestidos de ropas blancas, ¿quiénes son, y de dónde han venido?

14 Yo le dije: Señor, tú lo sabes. Y él me dijo: Estos son los que han salido de la gran tribulación, y han lavado sus ropas, y las han emblanquecido en la sangre del Cordero.

15 Por esto están delante del trono de Dios, y le sirven día y noche en su templo; y el que está sentado sobre el trono extenderá su tabernáculo sobre ellos.

16 Ya no tendrán hambre ni sed, y el sol no caerá más sobre ellos, ni calor alguno;

17 porque el Cordero que está en medio del trono los pastoreará, y los guiará a fuentes de aguas de vida; y Dios enjugará toda lágrima de los ojos de ellos.

## Capítulo 8

1 Cuando abrió el séptimo sello, se hizo silencio en el cielo como por media hora.

2 Y vi a los siete ángeles que estaban en pie ante Dios; y se les dieron siete trompetas.

3 Otro ángel vino entonces y se paró ante el altar, con un incensario de oro; y se le dio mucho incienso para añadirlo a las oraciones de todos los santos, sobre el altar de oro que estaba delante del trono.

4 Y de la mano del ángel subió a la presencia de Dios el humo del incienso con las oraciones de los santos.

5 Y el ángel tomó el incensario, y lo llenó del fuego del altar, y lo arrojó a la tierra; y hubo truenos, y voces, y relámpagos, y un terremoto.

6 Y los siete ángeles que tenían las siete trompetas se dispusieron a tocarlas.

7 El primer ángel tocó la trompeta, y hubo granizo y fuego mezclados con sangre, que fueron lanzados sobre la tierra; y la tercera parte de los árboles se quemó, y se quemó toda la hierba verde.

8 El segundo ángel tocó la trompeta, y como una gran montaña ardiendo en fuego fue precipitada en el mar; y la tercera parte del mar se convirtió en sangre.

9 Y murió la tercera parte de los seres vivientes que estaban en el mar, y la tercera parte de las naves fue destruida.

10 El tercer ángel tocó la trompeta, y cayó del cielo una gran estrella, ardiendo como una antorcha, y cayó sobre la tercera parte de los ríos, y sobre las fuentes de las aguas.

11 Y el nombre de la estrella es Ajenjo. Y la tercera parte de las aguas se convirtió en ajenjo; y muchos hombres murieron a causa de esas aguas, porque se hicieron amargas.

12 El cuarto ángel tocó la trompeta, y fue herida la tercera parte del sol, y la tercera parte de la luna, y la tercera parte de las estrellas, para que se oscureciese la tercera parte de ellos, y no hubiese luz en la tercera parte del día, y asimismo de la noche.

13  Y miré, y oí a un ángel volar por en medio del cielo, diciendo a gran voz: ¡Ay, ay, ay, de los que moran en la tierra, a causa de los otros toques de trompeta que están para sonar los tres ángeles!

## Capítulo 9

1  El quinto ángel tocó la trompeta, y vi una estrella que cayó del cielo a la tierra; y se le dio la llave del pozo del abismo.

2  Y abrió el pozo del abismo, y subió humo del pozo como humo de un gran horno; y se oscureció el sol y el aire por el humo del pozo.

3  Y del humo salieron langostas sobre la tierra; y se les dio poder, como tienen poder los escorpiones de la tierra.

4  se les mandó que no dañasen a la hierba de la tierra, ni a cosa verde alguna, ni a ningún árbol, sino solamente a los hombres que no tuviesen el sello de Dios en sus frentes.

5  Y les fue dado, no que los matasen, sino que los atormentasen cinco meses; y su tormento era como tormento de escorpión cuando hiere al hombre.

6  Y en aquellos días los hombres buscarán la muerte, pero no la hallarán; y ansiarán morir, pero la muerte huirá de ellos.

7  El aspecto de las langostas era semejante a caballos preparados para la guerra; en las cabezas tenían como coronas de oro; sus caras eran como caras humanas;

8  tenían cabello como cabello de mujer; sus dientes eran como de leones;

9  tenían corazas como corazas de hierro; el ruido de sus alas era como el estruendo de muchos carros de caballos corriendo a la batalla;

10  tenían colas como de escorpiones, y también aguijones; y en sus colas tenían poder para dañar a los hombres durante cinco meses.

11  Y tienen por rey sobre ellos al ángel del abismo, cuyo nombre en hebreo es Abadón, y en griego Apolión.

12  El primer ay pasó; he aquí, vienen aún dos ayes después de esto.

13  El sexto ángel tocó la trompeta, y oí una voz de entre los cuatro cuernos del altar de oro que estaba delante de Dios,

14  diciendo al sexto ángel que tenía la trompeta: Desata a los cuatro ángeles que están atados junto al gran río Éufrates.

15  Y fueron desatados los cuatro ángeles que estaban preparados para la hora, día, mes y año, a fin de matar a la tercera parte de los hombres.

16  Y el número de los ejércitos de los jinetes era doscientos millones. Yo oí su número.

17  Así vi en visión los caballos y a sus jinetes, los cuales tenían corazas de fuego, de zafiro y azufre. Y las cabezas de los caballos eran como cabezas de leones; y de su boca salían fuego, humo y azufre.

18  Por estas tres plagas fue muerta la tercera parte de los hombres; por el fuego, el humo y el azufre que salían de su boca.

19  Pues el poder de los caballos estaba en su boca y en sus colas; porque sus colas, semejantes a serpientes, tenían cabezas, y con ellas dañaban.

20  Y los otros hombres que no fueron muertos con estas plagas, ni aun así se arrepintieron de las obras de sus manos, ni dejaron de adorar a los

demonios, y a las imágenes de oro, de plata, de bronce, de piedra y de madera, las cuales no pueden ver, ni oír, ni andar;

21 y no se arrepintieron de sus homicidios, ni de sus hechicerías, ni de su fornicación, ni de sus hurtos.

## Capítulo 10

1 Vi descender del cielo a otro ángel fuerte, envuelto en una nube, con el arco iris sobre su cabeza; y su rostro era como el sol, y sus pies como columnas de fuego.

2 Tenía en su mano un librito abierto; y puso su pie derecho sobre el mar, y el izquierdo sobre la tierra;

3 y clamó a gran voz, como ruge un león; y cuando hubo clamado, siete truenos emitieron sus voces.

4 Cuando los siete truenos hubieron emitido sus voces, yo iba a escribir; pero oí una voz del cielo que me decía: Sella las cosas que los siete truenos han dicho, y no las escribas.

5 Y el ángel que vi en pie sobre el mar y sobre la tierra, levantó su mano al cielo,

6 y juró por el que vive por los siglos de los siglos, que creó el cielo y las cosas que están en él, y la tierra y las cosas que están en ella, y el mar y las cosas que están en él, que el tiempo no sería más,

7 sino que en los días de la voz del séptimo ángel, cuando él comience a tocar la trompeta, el misterio de Dios se consumará, como Él lo anunció a sus siervos los profetas.

8 La voz que oí del cielo hablo otra vez conmigo, y dijo: Vé y toma el librito que está abierto en la mano del ángel que está en pie sobre el mar y sobre la tierra.

9 Y fui al ángel, diciéndole que me diese el librito. Y él me dijo: Toma, y cómelo; y te amargará el vientre, pero en tu boca será dulce como la miel.

10 Entonces tomé el librito de la mano del ángel, y lo comí; y era dulce en mi boca como la miel, pero cuando lo hube comido, amargó mi vientre.

11 Y él me dijo: Es necesario que profetices otra vez sobre muchos pueblos, naciones, lenguas y reyes.

## Capítulo 11

1 Entonces me fue dada una caña semejante a una vara de medir, y se me dijo: Levántate, y mide el templo de Dios, y el altar, y a los que adoran en él.

2 Pero el patio que está fuera del templo déjalo aparte, y no lo midas, porque ha sido entregado a los gentiles; y ellos hollarán la ciudad santa cuarenta y dos meses,

3 Y daré a mis dos testigos que profeticen por mil doscientos sesenta días, vestidos de cilicio.

4 Estos testigos son los dos olivos, y los dos candeleros que están en pie delante del Dios de la tierra.

5 Si alguno quiere dañarlos, sale fuego de la boca de ellos, y devora a sus enemigos; y si alguno quiere hacerles daño, debe morir él de la misma manera.

6    Estos tienen poder para cerrar el cielo, a fin de que no llueva en los días de su profecía; y tienen poder sobre las aguas para convertirlas en sangre, y para herir la tierra con toda plaga, cuantas veces quieran.

7    Cuando hayan acabado su testimonio, la bestia que sube del abismo hará guerra contra ellos, y los vencerá y los matará.

8    Y sus cadáveres estarán en la plaza de la grande ciudad que en sentido espiritual se llama Sodoma y Egipto, donde también nuestro Señor fue crucificado.

9    Y los de los pueblos, tribus, lenguas y naciones verán sus cadáveres por tres días y medio, y no permitirán que sean sepultados.

10    Y los moradores de la tierra se regocijarán sobre ellos y se alegrarán, y se enviarán regalos unos a otros; porque estos dos profetas habían atormentado a los moradores de la tierra.

11    Pero después de tres días y medio entró en ellos el Espíritu de vida enviado por Dios, y se levantaron sobre sus pies, y cayó gran temor sobre los que los vieron.

12    Y oyeron una gran voz del cielo, que les decía: Subid acá. Y subieron al cielo en una nube; y sus enemigos los vieron.

13    En aquella hora hubo un gran terremoto, y la décima parte de la ciudad se derrumbó, y por el terremoto murieron en número de siete mil hombres; y los demás se aterrorizaron, y dieron gloria al Dios del cielo.

14    El segundo ay pasó; he aquí, el tercer ay viene pronto.

15    El séptimo ángel tocó la trompeta, y hubo grandes voces en el cielo, que decían: Los reinos del mundo han venido a ser de nuestro Señor y de su Cristo; y Él reinará por los siglos de los siglos.

16    Y los veinticuatro ancianos que estaban sentados delante de Dios en sus tronos, se postraron sobre sus rostros, y adoraron a Dios,

17    diciendo: Te damos gracias, Señor Dios Todopoderoso, el que eres y que eras y que has de venir, porque has tomado tu gran poder, y has reinado.

18    Y se airaron las naciones, y tu ira ha venido, y el tiempo de juzgar a los muertos, y de dar el galardón a tus siervos los profetas, a los santos, y a los que temen tu nombre, a los pequeños y a los grandes, y de destruir a los que destruyen la tierra.

19    Y el templo de Dios fue abierto en el cielo, y el arca de su pacto se veía en el templo. Y hubo relámpagos, voces, truenos, un terremoto y grande granizo.

## Capítulo 12

1    Apareció en el cielo una gran señal: una mujer vestida de sol, con la luna debajo de sus pies, y sobre su cabeza una corona de doce estrellas.

2    Y estando en cinta, clamaba con dolores de parto, en la angustia del alumbramiento.

3    También apareció otra señal en el cielo: he aquí un gran dragón escarlata, que tenía siete cabezas y diez cuernos, y en sus cabezas siete diademas;

4    y su cola arrastraba la tercera parte de las estrellas del cielo, y las arrojó sobre la tierra. Y el dragón se paró frente a la mujer que estaba para dar a luz, a fin de devorar a su hijo tan pronto como naciese.

5    Y ella dio a luz un hijo varón, que regirá con vara de hierro a todas las naciones; y su hijo fue arrebatado para Dios y para su trono.

6    Y la mujer huyó al desierto, donde tiene lugar preparado por Dios, para que allí la sustenten por mil doscientos sesenta días.

7    Después hubo una gran batalla en el cielo: Miguel y sus ángeles luchaban contra el dragón; y luchaban el dragón y sus ángeles;

8    pero no prevalecieron, ni se halló ya lugar para ellos en el cielo.

9    Y fue lanzado fuera el gran dragón, la serpiente antigua, que se llama diablo y Satanás, el cual engaña al mundo entero; fue arrojado a la tierra, y sus ángeles fueron arrojados con él.

10    Entonces oí una gran voz en el cielo, que decía: Ahora ha venido la salvación, el poder, y el reino de nuestro Dios, y la autoridad de su Cristo; porque ha sido lanzado fuera el acusador de nuestros hermanos, el que los acusaba delante de nuestro Dios día y noche.

11    Y ellos le han vencido por medio de la sangre del Cordero y de la palabra del testimonio de ellos, y menospreciaron sus vidas hasta la muerte.

12    Por lo cual alegraos, cielos, y los que moráis en ellos. ¡Ay de los moradores de la tierra y del mar! Porque el diablo ha descendido a vosotros con gran ira, sabiendo que tiene poco tiempo.

13    Y cuando vio el dragón que había sido arrojado a la tierra, persiguió a la mujer que había dado a luz al hijo varón.

14    Y se le dieron a la mujer las dos alas de la gran águila, para que volase de delante de la serpiente al desierto, a su lugar, donde es sustentada por un tiempo, y tiempos, y la mitad de un tiempo.

15    Y la serpiente arrojó de su boca, tras la mujer, agua como un río, para que fuese arrastrada por el río.

16    Pero la tierra ayudó a la mujer, pues la tierra abrió su boca y tragó el río que el dragón había echado de su boca.

17    Entonces el dragón se llenó de ira contra la mujer; y se fue a hacer guerra contra el resto de la descendencia de ella, los que guardan los mandamientos de Dios y tienen el testimonio de Jesucristo.

## Capítulo 13

1    Me paré sobre la arena del mar, y vi subir del mar una bestia que tenía siete cabezas y diez cuernos; y en sus cuernos diez diademas; y sobre sus cabezas, un nombre blasfemo.

2    Y la bestia que vi era semejante a un leopardo, y sus pies como de oso, y su boca como boca de león. Y el dragón le dio su poder y su trono, y grande autoridad.

3    Vi una de sus cabezas como herida de muerte, pero su herida mortal fue sanada; y se maravilló toda la tierra en pos de la bestia,

4    y adoraron al dragón que había dado autoridad a la bestia, y adoraron a la bestia, diciendo: ¿Quién como la bestia, y quién podrá luchar contra ella?

5    También se le dio boca que hablaba grandes cosas y blasfemias; y se le dio autoridad para actuar cuarenta y dos meses.

6    Y abrió su boca en blasfemias contra Dios, para blasfemar de su nombre, de su tabernáculo, y de los que moran en el cielo.

7   Y se le permitió hacer guerra contra los santos, y vencerlos. También se le dio autoridad sobre toda tribu, pueblo, lengua y nación.

8   Y la adoraron todos los moradores de la tierra cuyos nombres no estaban escritos en el libro de la vida del Cordero que fue inmolado desde el principio del mundo.

9   Si alguno tiene oído, oiga.

10   Si alguno lleva en cautividad, va en cautividad; si alguno mata a espada, a espada debe ser muerto. Aquí está la paciencia y la fe de los santos.

11   Después vi otra bestia que subía de la tierra; y tenía dos cuernos semejantes a los de un cordero, pero hablaba como dragón.

12   Y ejerce toda la autoridad de la primera bestia en presencia de ella, y hace que la tierra y los moradores de ella adoren a la primera bestia, cuya herida mortal fue sanada.

13   También hace grandes señales, de tal manera que aun hace descender fuego del cielo a la tierra delante de los hombres.

14   Y engaña a los moradores de la tierra con las señales que se le ha permitido hacer en presencia de la bestia, mandando a los moradores de la tierra que le hagan imagen a la bestia que tiene la herida de espada, y vivió.

15   Y se le permitió infundir aliento a la imagen de la bestia, para que la imagen hablase e hiciese matar a todo el que no la adorase.

16   Y hacía que a todos, pequeños y grandes, ricos y pobres, libres y esclavos, se les pusiese una marca en la mano derecha, o en la frente;

17   y que ninguno pudiese comprar ni vender, sino el que tuviese la marca o el nombre de la bestia, o el número de su nombre.

18   Aquí hay sabiduría. El que tiene entendimiento, cuente el número de la bestia, pues es número de hombre. Y su número es seiscientos sesenta y seis.

## Capítulo 14

1   Después miré, y he aquí el Cordero estaba en pie sobre el monte de Sion, y con Él ciento cuarenta y cuatro mil, que tenían el nombre de Él y el de su Padre escrito en la frente.

2   Y oí una voz del cielo como estruendo de muchas aguas, y como sonido de un gran trueno; y la voz que oí era como de arpistas que tocaban sus arpas.

3   Y cantaban un cántico nuevo delante del trono, y delante de los cuatro seres vivientes, y de los ancianos; y nadie podía aprender el cántico sino aquellos ciento cuarenta y cuatro mil que fueron redimidos de entre los de la tierra.

4   Estos son los que no se contaminaron con mujeres, pues son vírgenes. Estos son los que siguen al Cordero por dondequiera que va. Estos fueron redimidos de entre los hombres como primicias para Dios y para el Cordero;

5   y en sus bocas no fue hallada mentira, pues son sin mancha delante del trono de Dios.

6   Vi volar por el medio del cielo a otro ángel, que tenía el evangelio eterno para predicarlo a los moradores de la tierra, a toda nación, tribu, lengua y pueblo,

7   diciendo a gran voz: Temed a Dios y dadle gloria, porque la hora de su juicio ha llegado; y adorad a Aquel que hizo el cielo y la tierra, el mar y las fuentes de las aguas.

8   Otro ángel le siguió, diciendo: Ha caído, ha caído Babilonia, la gran ciudad, porque ha hecho beber a todas las naciones del vino del furor de su fornicación.

9   Y el tercer ángel los siguió, diciendo a gran voz: Si alguno adora a la bestia y a su imagen, y recibe la marca en su frente o en su mano,

10  él también beberá del vino de la ira de Dios, que ha sido vaciado puro en el cáliz de su ira; y será atormentado con fuego y azufre delante de los santos ángeles y del Cordero;

11  y el humo de su tormento sube por los siglos de los siglos. Y no tienen reposo de día ni de noche los que adoran a la bestia y a su imagen, ni nadie que reciba la marca de su nombre.

12  Aquí está la paciencia de los santos, los que guardan los mandamientos de Dios y la fe de Jesús.

13  Oí una voz que desde el cielo me decía: Escribe: Bienaventurados de aquí en adelante los muertos que mueren en el Señor. Sí, dice el Espíritu, descansarán de sus trabajos, porque sus obras con ellos siguen.

14  Miré, y he aquí una nube blanca; y sobre la nube uno sentado semejante al Hijo del Hombre, que tenía en la cabeza una corona de oro, y en la mano una hoz aguda.

15  Y del templo salió otro ángel, clamando a gran voz al que estaba sentado sobre la nube: Mete tu hoz, y siega; porque la hora se segar ha llegado, pues la mies de la tierra está madura.

16  Y el que estaba sentado sobre la nube metió su hoz en la tierra, y la tierra fue segada.

17  Salió otro ángel del templo que está en el cielo, teniendo también una hoz aguda.

18  Y salió del altar otro ángel, que tenía poder sobre el fuego, y llamó a gran voz al que tenía la hoz aguda, diciendo: Mete tu hoz aguda, y vendimia los racimos de la tierra, porque sus uvas están maduras.

19  Y el ángel arrojó su hoz en la tierra, y vendimió la viña de la tierra, y echó las uvas en el gran lagar de la ira de Dios.

20  Y fue pisado el lagar fuera de la ciudad, y del lagar salió sangre hasta los frenos de los caballos, por mil seiscientos estadios.

## Capítulo 15

1   Vi en el cielo otra señal, grande y admirable: siete ángeles que tenían las siete plagas postreras, porque en ellas se consumaba la ira de Dios.

2   Vi también como un mar de vidrio mezclado con fuego; y a los que habían alcanzado la victoria sobre la bestia y su imagen, y su marca y el número de su nombre, en pie sobre el mar de vidrio, con las arpas de Dios.

3   Y cantan el cántico de Moisés siervo de Dios, y el cántico del Cordero, diciendo: Grandes y maravillosas son tus obra, Señor Dios Todopoderoso; justos y verdaderos son tus caminos, Rey de los santos.

4    ¿Quién no te temerá, oh Señor, y glorificará tu nombre? Pues sólo Tú eres santo; por lo cual todas las naciones vendrán y te adorarán, porque tus juicios se han manifestado.

5    Después de estas cosas miré, y he aquí fue abierto en el cielo el templo del tabernáculo del testimonio;

6    y del templo salieron los siete ángeles que tenían las siete plagas, vestidos de lino limpio y resplandeciente, y ceñidos alrededor del pecho con cintos de oro.

7    Y uno de los cuatro seres vivientes dio a los siete ángeles siete copas de oro, llenas de la ira de Dios, que vive por los siglos de los siglos.

8    Y el templo se llenó de humo, por la gloria de Dios, y por su poder; y nadie podía entrar en el templo hasta que se hubiesen cumplido las siete plagas de los siete ángeles.

## Capítulo 16

1    Oí una gran voz que decía desde el templo a los siete ángeles: Id y derramad sobre la tierra las siete copas de la ira de Dios.

2    Fue el primero, y derramó su copa sobre la tierra, y vino una úlcera maligna y pestilente sobre los hombres que tenían la marca de la bestia, y que adoraban su imagen.

3    El segundo ángel derramó su copa sobre el mar, y este se convirtió en sangre como de muerto; y murió todo ser vivo que había en el mar.

4    El tercer ángel derramó su copa sobre los ríos, y sobre las fuentes de las aguas, y se convirtieron en sangre.

5    Y oí al ángel del las aguas, que decía: Justo eres Tú, oh Señor, el que eres y que eras, el Santo, porque has juzgado estas cosas.

6    Por cuanto derramaron la sangre de los santos y de los profetas, también Tú les has dado a beber sangre; pues lo merecen.

7    También oí a otro, que desde el altar decía: Ciertamente, Señor Dios Todopoderoso, tus juicios son verdaderos y justos.

8    El cuarto ángel derramó su copa sobre el sol, al cual fue dado quemar a los hombres con fuego.

9    Y los hombres se quemaron con el gran calor, y blasfemaron el nombre de Dios, que tiene poder sobre estas plagas, y no se arrepintieron para darle gloria.

10    El quinto ángel derramó su copa sobre el trono de la bestia; y su reino se cubrió de tinieblas, y mordían de dolor sus lenguas,

11    y blasfemaron contra el Dios del cielo por sus dolores y por sus úlceras, y no se arrepintieron de sus obras.

12    El sexto ángel derramó su copa sobre el gran río Éufrates; y el agua de este se secó, para que estuviese preparado el camino a los reyes del oriente.

13    Y vi salir de la boca del dragón, y la boca de la bestia, y de la boca del falso profeta, tres espíritus inmundos a manera de ranas;

14    pues son espíritus de demonios, que hacen señales, y van a los reyes de la tierra en todo el mundo, para reunirlos a la batalla de aquel gran día del Dios Todopoderoso.

15  He aquí, yo vengo como ladrón. Bienaventurado el que vela, y guarda sus ropas, para que no ande desnudo, y vean su vergüenza.

16  Y los reunió en el lugar que en hebreo se llama Armagedón.

17  El séptimo ángel derramó su copa por el aire; y salió una gran voz del templo del cielo, del trono, diciendo: Hecho está.

18  Entonces hubo relámpagos y voces y truenos, y un gran temblor de tierra, un terremoto tan grande, cual no lo hubo jamás desde que los hombres han estado sobre la tierra.

19  Y la gran ciudad fue dividida en tres partes, y las ciudades de la naciones cayeron; y la gran Babilonia vino en memoria delante de Dios, para darle el cáliz del vino del ardor de su ira.

20  Y toda isla huyó, y los montes no fueron hallados.

21  Y cayó del cielo sobre los hombres un enorme granizo como del peso de un talento; y los hombres blasfemaron contra Dios por la plaga del granizo; porque su plaga fue sobremanera grande.

## Capítulo 17

1  Vino entonces uno de los siete ángeles que tenían las siete copas, y habló conmigo diciéndome: Ven acá, y te mostraré la sentencia contra la gran ramera, la que está sentada sobre muchas aguas;

2  con la cual han fornicado los reyes de la tierra, y los moradores de la tierra se han embriagado con el vino de su fornicación.

3  Y me llevó en el Espíritu al desierto; y vi a una mujer sentada sobre una bestia escarlata llena de nombres de blasfemia, que tenía siete cabezas y diez cuernos.

4  Y la mujer estaba vestida de púrpura y escarlata, y adornada de oro, de piedras preciosas y de perlas, y tenía en la mano un cáliz de oro lleno de abominaciones y de la inmundicia de su fornicación;

5  y en su frente un nombre escrito, un misterio: BABILONIA LA GRANDE, LA MADRE DE LAS RAMERAS Y DE LAS ABOMINACIONES DE LA TIERRA.

6  Vi a la mujer ebria de la sangre de los santos, y de la sangre de los mártires de Jesús; y cuando la vi, quedé asombrado con gran asombro.

7  Y el ángel me dijo: ¿Por qué te asombras? Yo te diré el misterio de la mujer, y de la bestia que la trae, la cual tiene las siete cabezas y los diez cuernos.

8  La bestia que has visto, era, y no es; y está para subir del abismo e ir a perdición; y los moradores de la tierra, aquellos cuyos nombres no están escritos desde la fundación del mundo en el libro de la vida, se asombrarán viendo a la bestia que era y no es, y será.

9  Esto, para la mente que tenga sabiduría: Las siete cabezas son siete montes, sobre los cuales se sienta la mujer,

10  y son siete reyes. Cinco de ellos han caído; uno es, y el otro aún no ha venido; y cuando venga, es necesario que dure breve tiempo.

11  La bestia que era, y no es, es también el octavo; y es de entre los siete, y va a la perdición.

12  Y los diez cuernos que has visto, son diez reyes, que aún no han recibido reino; pero por una hora recibirán autoridad como reyes juntamente con la bestia.

13  Estos tienen un mismo propósito, y entregarán su poder y su autoridad a la bestia.

14  Pelearán contra el Cordero, y el Cordero los vencerá, porque Él es Señor de señores y Rey de reyes; y los que están con Él son llamados y elegidos y fieles.

15  Me dijo también: Las aguas que has visto donde la ramera se sienta, son pueblos, muchedumbres, naciones y lenguas.

16  Y los diez cuernos que viste en la bestia, éstos aborrecerán a la ramera, y la dejarán desolada y desnuda; y devorarán sus carnes, y la quemarán con fuego;

17  porque Dios ha puesto en sus corazones el ejecutar lo que Él quiso; ponerse de acuerdo, y dar su reino a la bestia, hasta que se cumplan las palabras de Dios.

18  Y la mujer que has visto es la gran ciudad que reina sobre los reyes de la tierra.

## Capítulo 18

1  Después de esto vi a otro ángel descender del cielo con gran poder; y la tierra fue alumbrada con su gloria.

2  Y clamó con voz potente, diciendo: Ha caído, ha caído la gran Babilonia, y se ha hecho habitación de demonios y guarida de todo espíritu inmundo, y albergue de toda ave inmunda y aborrecible.

3  Porque todas las naciones han bebido del vino del furor de su fornicación; y los reyes de la tierra han fornicado con ella, y los mercaderes de la tierra se han enriquecido de la potencia de sus deleites.

4  Y oí otra voz del cielo, que decía: Salid de ella, pueblo mío, para que no seáis partícipes de sus pecados, ni recibáis parte de sus plagas;

5  porque sus pecados han llegado hasta el cielo, y Dios se ha acordado de sus maldades.

6  Dadle a ella como ella os ha dado, y pagadle doble según sus obras; en el cáliz en que ella preparó bebida, preparadle a ella el doble.

7  Cuanto ella se ha glorificado y ha vivido en deleites, tanto dadle de tormento y llanto; porque dice en su corazón: Yo estoy sentada como reina, y no soy viuda, y no veré llanto;

8  por lo cual en un solo día vendrán sus plagas; muerte, llanto y hambre, y será quemada con fuego; porque poderoso es Dios el Señor, que la juzga.

9  Y los reyes de la tierra que han fornicado con ella, y con ella han vivido en deleites, llorarán y harán lamentación sobre ella, cuando vean el humo de su incendio,

10  parándose lejos por el temor de su tormento, diciendo: ¡Ay, ay, de la gran ciudad de Babilonia, la ciudad fuerte; porque en una hora vino tu juicio!

11  Y los mercaderes de la tierra lloran y hacen lamentación sobre ella, porque ninguno compra más sus mercaderías;

12 mercadería de oro, de plata, de piedras preciosas, de perlas, de lino fino, de púrpura, de seda, de escarlata, de toda madera olorosa, de todo objeto de marfil, de todo objeto de madera preciosa, de cobre, de hierro y de mármol;

13 y canela, especias aromáticas, incienso, mirra, olíbano, vino, aceite, flor de harina, trigo, bestias, ovejas, caballos y carros, y esclavos, almas de hombres.

14 Los frutos codiciados por tu alma se apartaron de ti, y todas las cosas exquisitas y espléndidas te han faltado, y nunca más las hallarás.

15 Los mercaderes de estas cosas, que se han enriquecido a costa de ella, se pararán lejos por el temor de su tormento, llorando y lamentando,

16 y diciendo: ¡Ay, ay, de la gran ciudad, que estaba vestida de lino fino, de púrpura y de escarlata, y estaba adornada de oro, de piedras preciosas y de perlas!

17 Porque en una hora han sido consumidas tantas riquezas. Y todo piloto, y todos los que viajan en naves, y marineros, y todos los que trabajan en el mar, se pararon lejos;

18 y viendo el humo de su incendio, dieron voces, diciendo: ¿Qué ciudad era semejante a esta gran ciudad?

19 Y echaron polvo sobre sus cabezas, y dieron voces, llorando y lamentando, diciendo: ¡Ay, ay de la gran ciudad, en la cual todos los que tenían naves en el mar se habían enriquecido de sus riquezas; pues en una hora ha sido desolada!

20 Alégrate sobre ella, cielo, y vosotros, santos, apóstoles y profetas; porque Dios os ha hecho justicia en ella.

21 Y un ángel poderoso tomó una piedra, como una gran piedra de molino, y la arrojó en el mar, diciendo: Con el mismo ímpetu será derribada Babilonia, la gran ciudad, y nunca más será hallada.

22 Y voz de arpistas, de músicos, de flautistas y de trompeteros no se oirá más en ti; y ningún artífice de oficio alguno se hallará más en ti, ni ruido de molino se oirá más en ti.

23 Luz de lámpara no alumbrará más en ti, ni voz de esposo y de esposa se oirá más en ti; porque tus mercaderes eran los grandes de la tierra; pues por tus hechicerías fueron engañadas todas las naciones.

24 Y en ella se halló la sangre de los profetas y de los santos, y de todos los que han sido muertos en la tierra.

## Capítulo 19

1 Después de esto oí una gran voz de gran multitud en el cielo, que decía: ¡Aleluya! Salvación y honra y gloria y poder son del Señor Dios nuestro;

2 porque sus juicios son verdaderos y justos; pues ha juzgado a la gran ramera que ha corrompido a la tierra con su fornicación, y ha vengado la sangre de sus siervos de la mano de ella.

3 Otra vez dijeron: ¡Aleluya! Y el humo de ella sube por los siglos de los siglos.

4 Y los veinticuatro ancianos y los cuatro seres vivientes se postraron en tierra y adoraron a Dios, que estaba sentado en el trono, y decían: ¡Amén! ¡Aleluya!

5   Y salió del trono una voz que decía: Alabad a nuestro Dios todos sus siervos, y los que le teméis, así pequeños como grandes.

6   Y oí como la voz de una gran multitud, como el estruendo de muchas aguas, y como la voz de grandes truenos, que decía: ¡Aleluya, porque el Señor nuestro Dios Todopoderoso reina!

7   Gocémonos y alegrémonos y démosle gloria; porque han llegado las bodas del Cordero, y su esposa se ha preparado.

8   Y a ella se le ha concedido que se vista de lino fino, limpio y resplandeciente; porque el lino fino es las acciones justas de los santos.

9   Y el ángel me dijo: Escribe: Bienaventurados los que son llamados a la cena de las bodas del Cordero. Y me dijo: Estas son palabras verdaderas de Dios.

10   Yo me postré a sus pies para adorarle. Y él me dijo: Mira, no lo hagas; yo soy consiervo tuyo, y de tus hermanos que retienen el testimonio de Jesús. Adora a Dios; porque el testimonio de Jesús es el espíritu de la profecía.

11   Entonces vi el cielo abierto; y he aquí un caballo blanco, y el que lo montaba se llamaba Fiel y Verdadero, y con justicia juzga y pelea.

12   Sus ojos eran como llama de fuego, y había en su cabeza muchas diademas; y tenía un nombre escrito que ninguno conocía sino Él mismo.

13   Estaba vestido de una ropa teñida en sangre; y su nombre es: EL VERBO DE DIOS.

14   Y los ejércitos celestiales, vestidos de lino finísimo, blanco y limpio, le seguían en caballos blancos.

15   De su boca sale una espada aguda, para herir con ella a las naciones, y Él las regirá con vara de hierro; y Él pisa el lagar del vino del furor y de la ira del Dios Todopoderoso.

16   Y en su vestidura y en su muslo tiene escrito este nombre: REY DE REYES Y SEÑOR DE SEÑORES.

17   Y vi a un ángel que estaba en pie en el sol, y clamó a gran voz, diciendo a todas las aves que vuelan en medio del cielo: Venid, y congregaos a la gran cena de Dios,

18   para que comáis carnes de reyes y de capitanes, y carnes de fuertes, carnes de caballos y de sus jinetes, y carnes de todos, libres y esclavos, pequeños y grandes.

19   Y vi a la bestia, a los reyes de la tierra y a sus ejércitos, reunidos para guerrear contra el que montaba el caballo, y contra su ejército.

20   Y la bestia fue apresada, y con ella el falso profeta que había hecho delante de ella las señales con las cuales había engañado a los que recibieron la marca de la bestia, y habían adorado su imagen. Estos dos fueron lanzados vivos dentro de un lago de fuego que arde con azufre.

21   Y los demás fueron muertos con la espada que salía de la boca del que montaba el caballo, y todas las aves se saciaron de las carnes de ellos.

## Capítulo 20

1   Vi a un ángel que descendía del cielo, con la llave del abismo, y una gran cadena en la mano.

2    Y prendió al dragón, la serpiente antigua, que es el diablo y Satanás, y lo ató por mil años;

3    y lo arrojó al abismo, y lo encerró, y puso su sello sobre él, para que no engañase más a las naciones, hasta que fuesen cumplidos mil años; y después de esto debe ser desatado por un poco de tiempo.

4    Y vi tronos, y se sentaron sobre ellos los que recibieron facultad de juzgar; y vi las almas de los decapitados por causa del testimonio de Jesús y por la Palabra de Dios, los que no habían adorado a la bestia ni a su imagen, y que no recibieron la marca en sus frentes ni en sus manos; y vivieron y reinaron con Cristo mil años.

5    Pero los otros muertos no volvieron a vivir hasta que se cumplieron mil años. Esta es la primera resurrección.

6    Bienaventurado y santo el que tiene parte en la primera resurrección; la segunda muerte no tiene potestad sobre éstos, sino que serán sacerdotes de Dios y de Cristo, y reinarán con Él mil años.

7    Cuando los mil años se cumplan, Satanás será suelto de su prisión,

8    y saldrá a engañar a las naciones que están en los cuatro ángulos de la tierra, a Gog y a Magog, a fin de reunirlos para la batalla; el número de los cuales es como la arena del mar.

9    Y subieron sobre la anchura de la tierra, y rodearon el campamento de los santos y la ciudad amada; y de Dios descendió fuego del cielo, y los consumió.

10    Y el diablo que los engañaba fue lanzado en el lago de fuego y azufre, donde estaban la bestia y el falso profeta; y serán atormentados día y noche por los siglos de los siglos.

11    Y vi un gran trono blanco y al que estaba sentado en él, de delante del cual huyeron la tierra y el cielo, y ningún lugar se encontró para ellos.

12    Y vi a los muertos, grandes y pequeños, de pie ante Dios; y los libros fueron abiertos, y otro libro fue abierto, el cual es el libro de la vida; y fueron juzgados los muertos por las cosas que estaban escritas en los libros, según sus obras.

13    Y el mar entregó los muertos que había en él; y la muerte y el Hades entregaron los muertos que había en ellos; y fueron juzgados cada uno según sus obras.

14    Y la muerte y el Hades fueron lanzados al lago de fuego. Esta es la muerte segunda.

15    Y el que no se halló inscrito en el libro de la vida fue lanzado al lago de fuego.

## Capítulo 21

1    Vi un cielo nuevo y una tierra nueva; porque el primer cielo y la primera tierra pasaron, y el mar ya no existía más.

2    Y yo Juan vi la santa ciudad, la nueva Jerusalén, descender del cielo, de Dios, dispuesta como una esposa ataviada para su marido.

3    Y oí una gran voz del cielo que decía: He aquí el tabernáculo de Dios con los hombres, y Él morará con ellos; y ellos serán su pueblo, y Dios mismo estará con ellos como su Dios.

4    Enjugará Dios toda lágrima de los ojos de ellos; y ya no habrá muerte, ni habrá más llanto, ni clamor, ni dolor; porque las primeras cosas pasaron.

5    Y el que estaba sentado en el trono dijo: He aquí, yo hago nuevas todas las cosas. Y me dijo: Escribe; porque estas palabras son fieles y verdaderas.

6    Y me dijo: Hecho está. Yo soy el Alfa y la Omega, el principio y el fin. Al que tuviere sed, yo le daré gratuitamente de la fuente del agua de la vida.

7    El que venciere heredará todas las cosas, y yo seré su Dios, y él será mi hijo.

8    Pero los cobardes e incrédulos, los abominables y homicidas, los fornicarios y hechiceros, los idólatras y todos los mentirosos tendrán su parte en el lago que arde con fuego y azufre, que es la muerte segunda.

9    Vino entonces a mí uno de los siete ángeles que tenían las siete copas llenas de las siete plagas postreras, y habló conmigo, diciendo: Ven acá, yo te mostraré la desposada, la esposa del Cordero.

10   Y me llevó en el Espíritu a un monte grande y alto, y me mostró la gran ciudad santa de Jerusalén, que descendía del cielo, de Dios,

11   teniendo la gloria de Dios. Y su fulgor era semejante al de una piedra preciosísima, como piedra de jaspe, diáfana como el cristal.

12   Tenía un muro grande y alto con doce puertas; y en las puertas, doce ángeles, y nombres inscritos, que son los de las doce tribus de los hijos de Israel;

13   al oriente tres puertas; al norte tres puertas; al sur tres puertas; al occidente tres puertas.

14   Y el muro de la ciudad tenía doce cimientos, y sobre ellos los doce nombres de los doce apóstoles del Cordero.

15   El que hablaba conmigo tenía una caña de medir, de oro, para medir la ciudad, sus puertas y su muro.

16   La ciudad se halla establecida en cuadro, y su longitud es igual a su anchura; y él midió la ciudad con la caña, doce mil estadios; la longitud, la altura y la anchura de ella son iguales.

17   Y midió su muro, ciento cuarenta y cuatro codos, de medida de hombre, la cual es de ángel.

18   El material de su muro era de jaspe; pero la ciudad era de oro puro, semejante al vidrio limpio;

19   y los cimientos del muro de la ciudad estaban adornados con toda piedra preciosa. El primer cimiento era jaspe; el segundo, zafiro; el tercero, ágata; el cuarto, esmeralda;

20   el quinto, ónice; el sexto, cornalina; el séptimo, crisólito; el octavo, berilo; el noveno, topacio; el décimo, crisopraso; el undécimo, jacinto; el duodécimo, amatista.

21   Las doce puertas eran doce perlas; cada una de las puertas era una perla. Y la calle de la ciudad era de oro puro, transparente como vidrio.

22   Y no vi en ella templo; porque el Señor Dios Todopoderoso es el templo de ella, y el Cordero.

23   La ciudad no tiene necesidad de sol ni de luna que brillen en ella; porque la gloria de Dios la ilumina, y el Cordero es su lumbrera.

24  Y las naciones que hubieren sido salvas andarán a la luz de ella; y los reyes de la tierra traerán su gloria y honor a ella.

25  Sus puertas nunca serán cerradas de día, pues allí no habrá noche.

26  Y llevarán la gloria y la honra de las naciones a ella.

27  No entrará en ella ninguna cosa inmunda, o que hace abominación y mentira, sino solamente los que están inscritos en el libro de la vida del Cordero.

## Capítulo 22

1  Después me mostró un río limpio de agua de vida, resplandeciente como cristal, que salía del trono de Dios y del Cordero.

2  En medio de la calle de la ciudad, y a uno y otro lado del río, estaba el Árbol de la Vida, que produce doce frutos, dando cada mes su fruto; y las hojas del árbol eran para la sanidad de las naciones.

3  Y no habrá más maldición; y el trono de Dios y del Cordero estará en ella, y sus siervos le servirán,

4  y verán su rostro, y su nombre estará en sus frentes.

5  No habrá allí más noche; y no tienen necesidad de luz de lámpara, ni de luz del sol, porque Dios el Señor los iluminará; y reinarán por los siglos de los siglos.

6  Y me dijo: Estas palabras son fieles y verdaderas. Y el Señor, el Dios de los espíritus de los profetas, ha enviado su ángel, para mostrar a sus siervos las cosas que deben suceder pronto.

7  ¡He aquí, vengo pronto! Bienaventurado el que guarda las palabras de la profecía de este libro.

8  Yo Juan soy el que oyó y vio estas cosas. Y después que las hube oído y visto, me postré para adorar a los pies del ángel que me mostraba estas cosas.

9  Pero él me dijo: Mira, no lo hagas; porque yo soy consiervo tuyo, de tus hermanos los profetas, y de los que guardan las palabras de este libro. Adora a Dios.

10  Y me dijo: No selles las palabras de la profecía de este libro, porque el tiempo está cerca.

11  El que es injusto, sea injusto todavía; y el que es inmundo, sea inmundo todavía; y el que es justo, practique la justicia todavía; y el que es santo, santifíquese todavía.

12  He aquí yo vengo pronto, y mi galardón conmigo, para recompensar a cada uno según sea su obra.

13  Yo soy el Alfa y la Omega, el principio y el fin, el primero y el último.

14  Bienaventurados los que lavan sus ropas, para tener derecho al árbol de la vida, y para entrar por las puertas en la ciudad.

15  Mas los perros estarán fuera, y los hechiceros, los fornicarios, los homicidas, los idólatras, y todo aquel que ama y hace mentira.

16  Yo Jesús he enviado mi ángel para daros testimonio de estas cosas en las iglesias. Yo soy la raíz y el linaje de David, la estrella resplandeciente de la mañana.

17  Y el Espíritu y la Esposa dicen: Ven. Y el que oye, diga: Ven. Y el que tiene sed, venga; y el que quiera, tome del agua de la vida gratuitamente.

18  Yo testifico a todo aquel que oye las palabras de la profecía de este libro: Si alguno añadiere a estas cosas, Dios traerá sobre él las plagas que están escritas en este libro.

19  Y si alguno quitare de las palabras del libro de esta profecía, Dios quitará su parte del libro de la vida, y de la santa ciudad y de las cosas que están escritas en este libro.

20  El que da testimonio de estas cosas dice: Ciertamente vengo en breve. Amén; sí, ven, Señor Jesús.

21  La gracia de nuestro Señor Jesucristo sea con todos vosotros. Amén.